フィギュール彩 57

THE LIVES OF MANCHURIA AND MONGOLIA
GO KITANO

満蒙をめぐる人びと

北野 剛

figure Sai

彩流社

目次

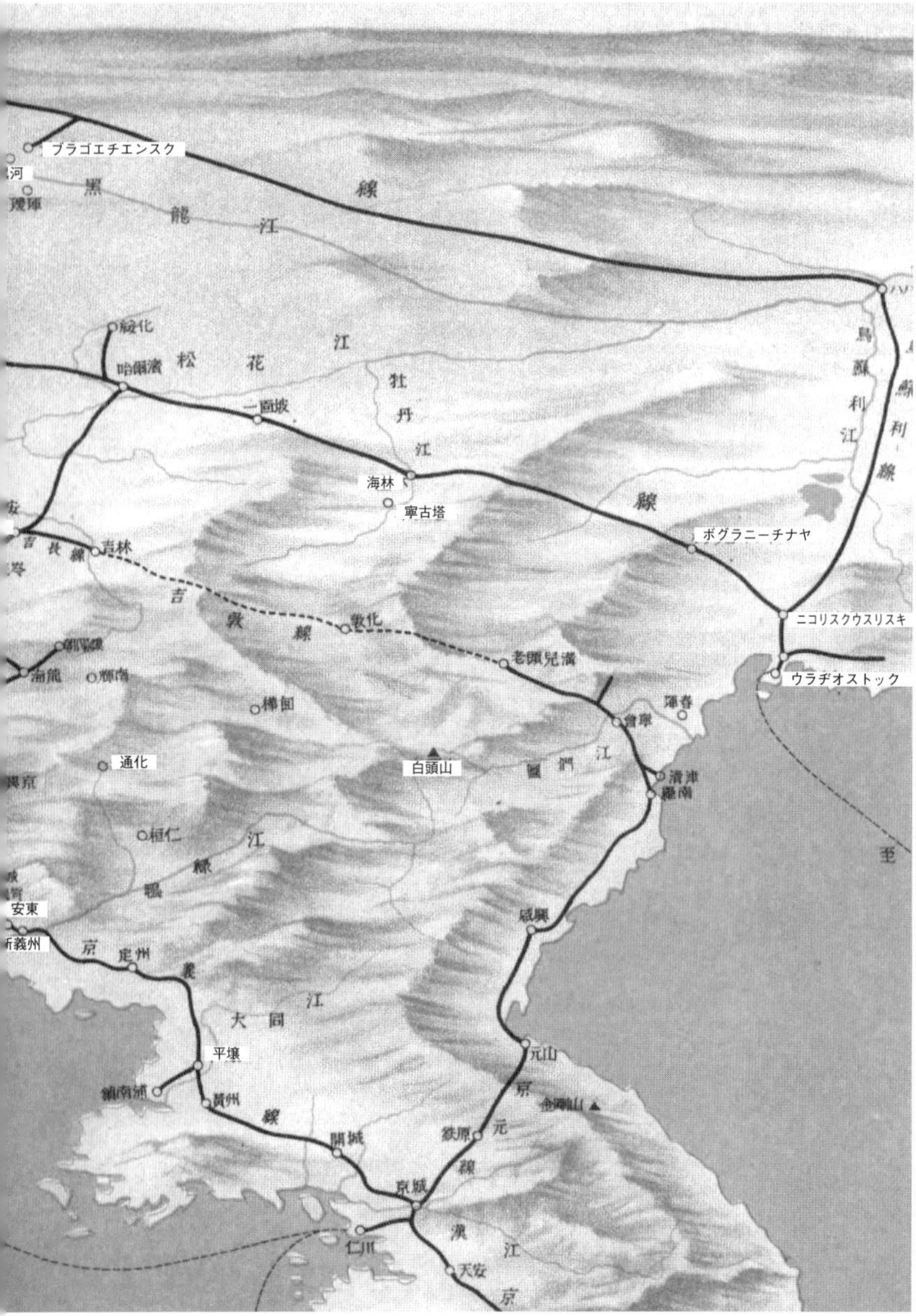
ブラゴエチエンスク
黒龍江
綏化
哈爾濱
松花江
一面坡
牡丹江
海林
寧古塔
烏蘇利江
烏蘇利線
ボグラニーチナヤ
ニコリスクウスリスキ
ウラヂオストック
吉林
吉長線
吉敦線
敦化
老頭兒溝
會寧
琿春
白頭山
圖們江
清津
羅南
通化
桓仁
鴨緑江
安東
京義線
定州
大同江
平壌
鎮南浦
黄州
開城
京城
仁川
天安
漢江
咸興
元山
京元線
鉄原
金剛山

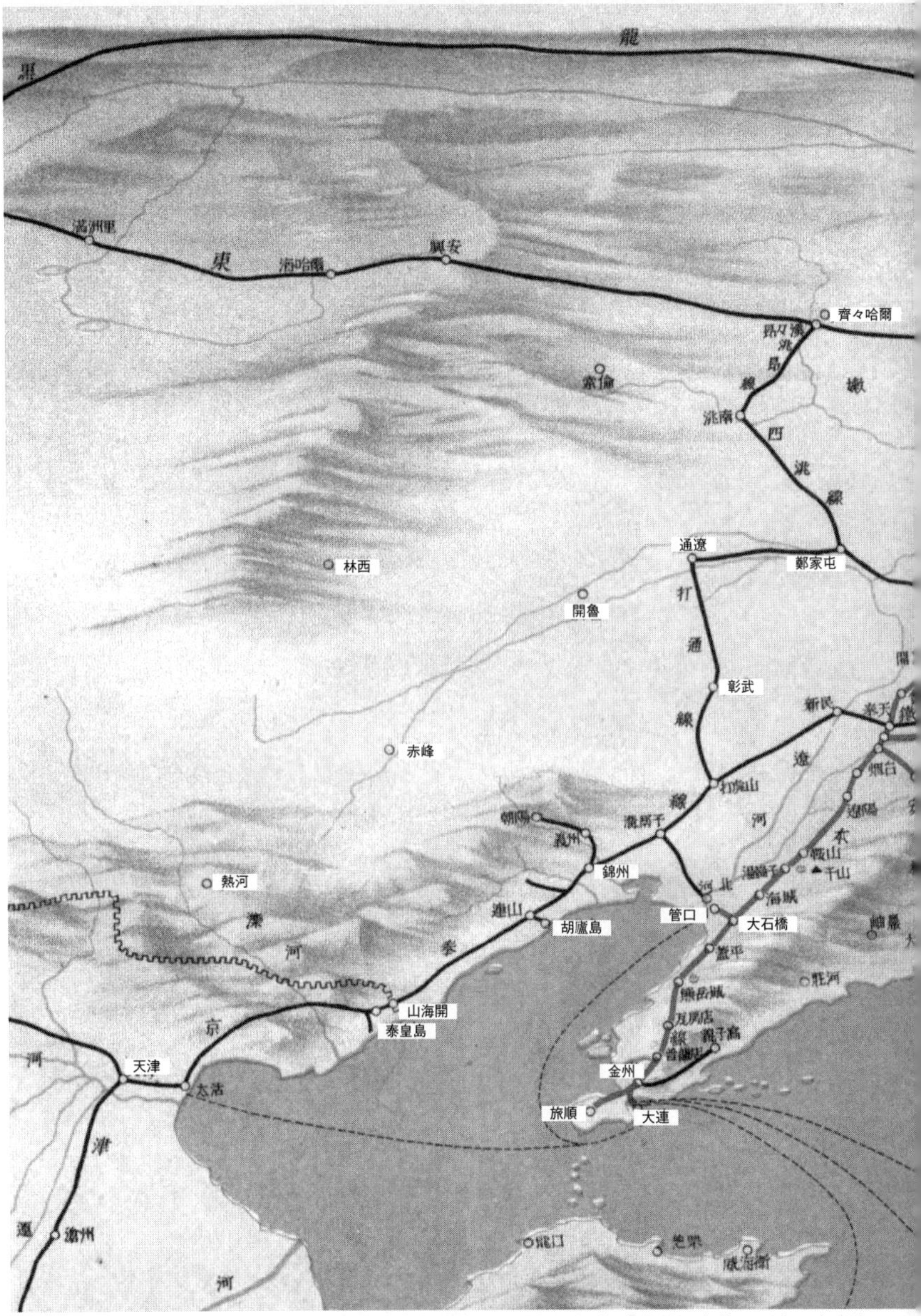

1920年代の満洲地図（南満州鉄道株式会社社長室情報課編著『満洲写真帖　昭和2年版』中日文化協会、1928年）

はじめに

かつて満蒙と呼ばれた地域がある。現在の中国東北と内蒙古自治区の一部にあたるが、一九三一年の満洲事変をきっかけに満洲国という国家が創られたのがこの場所であった。

満洲事変と満洲国の建国が日本の近代史上、大きな意味を持っていたことはよく知られる通りである。では、そこにいたるまでにはどのような歴史があったのか。満蒙とは、近代日本にとっていかなる存在であったのか。それを探ることが本書のテーマである。

もっとも、こうした問いは決して真新しいものではない。これまでにも多くの研究者や歴史作家が幾度となく繰り返してきたはずである。しかしそれでもなお、答えが出尽くしているようには思えない。なぜならば、この広大な地域には、さらに多様な人びとや出来事が錯綜しており、何をその問いの主体に据えるかによって、論じ方もまた異ならざるを得ないからである。しかし多くの場合、これまでの関心は太平洋戦争の要因としての満洲事変・満洲国と、その背景をなす「満蒙問題」――日本の満蒙権益をめぐる日中の確執――に偏りがちであった。日中間の矛盾の蓄積過程を中心に叙述することは、歴史から教訓や反省を導き出すという意味でたしかに有意義ではある。

しかし、そこで描かれる満蒙現地の様子といえば、たとえば満洲事変前までであれば、満鉄（南満洲鉄道株式会社)や関東軍(当初は関東都督府)がどうしても中心であったし、その視点は右に述べたような方向性に集約されるものであった。では、もう少し同時代的な視点から、当時の人びとが見ていたものを追体験するにはどうすればよいのか。もちろん、回顧録や伝記の類を読めば十分だという考えもあるだろう。しかし、それではそこで得た知識を、大きな歴史の流れのなかにいかに位置付ければよいのかという問題が残ってしまう。結果的にどうしても一方的、主観的にならざるを得ないのである。

そこで本書では、何人かの満蒙にまつわる人物をとり上げ、それらの人物を満蒙と日本との関わりのなかに位置付けていくというスタイルをとる。そうすることで、主観と客観を交錯させ、なおかつ多面的に考察することができるのではないかと考える。もとよりそれは、近代日本にとっての満蒙という存在の全てを明らかにするまでには足らないであろう。本書で扱えるのは、その関係性をめぐる諸相の、さらに一断面に過ぎないということをあらかじめお断りしておきたい。

さて、目次を見ていただければお分かりのように、本書で取り上げるのはいずれもメジャーではない、あるいはかなりマイナーな人物ばかりである。こういった本にありがちな、後藤新平だの石原莞爾だのといった有名な人物はあまり登場しない。しかし、そこには本書なりの意図がある。日本と満蒙との関わりを考える上で、重要なポイントとなるのが満蒙政策の史的展開であろう。ところがその場合、どうしても政治の上層部、つまりは政治家や高級官僚が何をしたのか、あるいは何を考えていたのかという政策決定過程に関心が偏ってしまう。その一方で、そうして決まった方針や政策の下で、実際に現地ではどのようなことが起きていたのかについては、満鉄や関東軍を除けば、付随的な問題として扱われがちである。しかし、満洲事変前までの満蒙政策についていえば、政治的に「下位」に属する人びとの果した役割は決して小さくない。この地が日本の統治権の及ぶ植民地ではなかった以上、日本国内の政治過程の解明をもって十分とすることは適当ではないし、満鉄や関東軍ばかりに関心を持つのでは、いささかバランスを欠いているのではないだろうか。

もっとも、人物を扱うといっても、本書の主題は、簡潔にいえば、日本の満蒙政策、あるいは満蒙経営を様々な角度から見ていくことにある。ゆえに、人物史にありがちな、生い立ちから晩年までを丹念に追うというスタイルをとらない。そもそも資料的にそれが難しい人物も含まれている。とはいえ、本書で取り上げるのは、いずれも二〇年以上にわたる日本と満蒙との関わりのなかで、瞬間的であれ重要な役割を果たした人びとである。彼らの足跡や視点は、日本の満蒙政策の一側面を照らし出すには格好の材料となるであろう。

なお、本書がいうところの「満蒙政策」——当初は「満洲政策」——とは、日本がこの地域に対して執った外交、拓殖に関する諸政策を指すが、これが存在したのは、厳密にいえば、日露戦争から満洲事変にいたるおよそ二五年間である。本書が扱うのもこの期間を中心としている。日露戦争前に満洲政策は実際上ありえないし、満洲国建国以降は、日本と満洲国との関係性、つまりは傀儡性を前提とするもの、あるいは満洲国国内の主権の行使という点から理解すべきものである。実際に満洲国建国以降、満蒙政策という用語はほとんど用いられなくなっていく。中国の領土において日本の拓殖政策を実行するという奇妙さ、誤解を恐れずいえば「面白さ」はすでになくなってしまう。そして、本書の関心に照らしていえば、日本の、あるいは満洲国の政策がダイレクトに実行される以上、マイナーな人物をあえて取り上げることの意義は見出しにくい。

　ではここで、予備知識として満蒙なる地域についてごく簡略に説明しておこう。いきなりであるが、そもそも、満蒙という地域は、歴史的、文化的には存在しなかった。もともと中国東北から極東ロシアにかけてはツングース系の民族が暮していたが、彼らが世界史の表舞台に現われるのは、女真《じょしん》による金の建国であろう。その後、モンゴルの支配を経てさらに明にも服属するが、再び女真が台頭するのはその明の末期のことである。このとき、ヌルハチによる女真の統一が実現し、後金が成立する。次のホンタイジの時代に自民族の呼称を女真からマンジュに改め、その漢字表記が「満洲」となった。この頃、国号も「大清」となる。このように、「満洲」は正しくは民族名であったが、これが地名に転じるのは、日本の江戸後期の天文方・高橋景保《たかはしかげやす》が作成した地図で地名として用いられ、さらにこれをシーボルトがヨーロッパに持ち帰って以降のことである。

　一方、その満洲は、清朝が北京に移った後、漢民族の流入が断続的に続いたものの、長らく閉ざされた地域のままであった。しかし、一九世紀になると状況が一変する。アロー号戦争後、一八五八年に結ばれた天津条約により遼河《りょうが》の河口にある牛荘《ぎゅうそう》が開港場として指定され、ここに満洲が世界と結びつくことになるのである。経済的にいえば、一九世紀末から日本との関わりが強まり、そこから満洲産大豆が世界的な商品として広まっていった。また、政治的にも、ロシアによる極東地域の割取が一九世紀半ばにあり、さらに一九世紀末には露清密約による鉄道進出から義和団事件期の満洲占領へ、といった具合に、急速に争点化していった。

この頃日本は、朝鮮の勢力範囲化と交換にロシアの満洲進出を認める方針であり、この地域をさほど重視してはいなかった。しかし、日露戦争が起り、その結果、南満洲に勢力を占めるようになると、これを勢力範囲として位置付け、ロシアと対等の立場を主張するようになる。そして、ロシアとの勢力範囲をめぐる線引きのなかで生まれるのが「満蒙」という地域概念であった。一九一二年に結ばれた第三次日露協約では、内モンゴルを東西に分け、東側を日本の勢力範囲とした。ここで日本の満洲政策は満蒙政策へと拡大し、それを中国や周辺国に承認させることが課題となった。そうしたなかで満蒙権益の抜本的な確立を目指して行なわれたのが対中二十一ヶ条要求である。もっとも、そうした日本のやり方はあまりにも強硬に過ぎ、やがて一九二〇年代になると中国側の反発から権益が空洞化してしまう。かくして「満蒙問題」が日中間の争点となり、それを強行解決しようとしたのが満洲事変であった。このように「満蒙」とは、二〇世紀の東アジア国際環境と、日本の大陸政策上の都合から生まれた地域なのである。

最後に、本書の内容は、当然のことながらすべてが筆者の研究成果というわけではなく、多くの先行研究に依拠している。しかし、あくまでも一般書としての性格を重視し、細かく脚注などを付していない。重要なもののみ各章末に参考文献として紹介するにとどめた。

その章で扱う人物についての直接的な記述がなくとも、時代背景を知る上で参考になるものは取り上げてある。ただし、研究雑誌などの論文については、あまりにも膨大になってしまうので、煩雑さを避けて記していない。この点、ご諒察を乞う次第である。また、資料の引用は最低限にとどめ、出典は文中に示すこととし、その際旧字はすべて新字に改めた。

参考文献

小峰和夫『満洲』御茶の水書房、一九九一年
宮脇淳子『世界史のなかの満洲帝国』ＰＨＰ研究所、二〇〇六年
小林英夫『〈満洲〉の歴史』講談社、二〇〇八年

プロローグ　満洲と日本人——石光真清《いしみつまきよ》

日本と満洲（満蒙）との関わりはどのようにしてはじまるのだろうか。日本がこの地に権益を得るのが日露戦争後だから、時期的にはその前後ということになるだろう。関係性という点からいえば、その頃この地に住みついた人びとや、日露戦争に出征した軍人、さらに銃後にあった人たち、あるいは政府関係者など、満洲への意識は立場によって様々であったはずである。そうしたなかで、多くの日本人がこの地に直結する記憶として共有していたのが、日清戦争後の三国干渉と、その背景となる一九世紀後半のロシアの極東進出であった。まずはこの点を踏まえ、本書の導入として、石光真清という人物を取り上げ、日本と満洲との接点がいかにして造られていくのかを見ていくことにしよう。

石光真清（石光真清『城下の人』中公文庫、1978年）

石光真清は一八六八年、熊本細川藩士で産物方頭取をつとめた石光真民の四男として生まれた。もっとも、次男と三男は幼いうちに亡くなっているから、実際には次男として育った。さらに長兄真澄は恵比寿麦酒支配人であったが若くして亡くなっている。弟真臣は後の陸軍中将、叔父野田豁通は陸軍監督総監として経理官の頂点を極めた人物である。なお、妹真都の夫橋本卯太郎は大日本麦酒の重役であり、元首相・故橋本龍太郎はその孫にあたる。著名な人物が多く輩出した家系といえよう。石光真清については、子息・真人が石光の手記原稿を整理編纂して公刊した、『城下の人』、『曠野の花』、『望郷の歌』、『誰のために』の四部作がある。また、国会図書館憲政資料室には石光真清関係文書があり、満洲で諜報活動をしていた頃の写真が多くおさめられている。

石光真清は、スパイとして日本近代史の裏面に生きた人物である。といっても、彼の手記から見えるその諜報活動には、スパイ映画のような派手さはない。暗躍という言葉もあまり相応しくない。それはひたすら地味で、地道なものであった。しかし、彼は国家の運命と自身のそれを重ね合わせ、満洲の大地に潜伏し、文字通り命をかけて諜報に従事した。彼のたどった道は、まさに日本と満洲との接点を知るうえで貴重な材料となるであろう。

日本とロシア

石光の生まれた一八六八年といえば、明治元年にあたる。石光は明治日本とともに成長し、その激動の歴史の真っ只中に青少年期を過ごすのである。幼少のときには神風連の乱や西南戦争といった士族反乱を目の当たりにした。さらに陸軍幼年学校から陸軍士官学校へと進んで、近衛師団に配属されたときには、大津事件が起こっている。シベリア鉄道の着工を目前に控え、いよいよ東アジアが新たな緊張に包まれつつあったときである。この事件は、石光にロシアの脅威を深く印象付け、その後の彼の人生に大きな影響を与える経験となった。

石光は、その後も近代日本がたどる重要な出来事にことごとく立ち会うことになる。日本が最初に経験した本格的な対外戦争である日清戦争もその一つである。石光が所属する近衛師団に動員命令が下ったのは一八九五年三月のことであった。すでに戦争は大勢を決しており、そこで課せられたのは台湾の平定であった。石光の手記によれば、その初戦闘の様子は次のようなものであった。

……私の第三中隊が、第一中隊に続いて攻撃を命じられたが、樵夫路で展開出来ないので、縦列のまま進んで、全員伏せの姿勢で様子をうかがった。村落の土煉瓦の家屋に銃眼が作られていて、私たちを目標に盛んに射ちこんでいる。このまま飛びこんだら損害が大きいなと考えた。しばらく、じっとしていた……しかし、かくれるべき安全な地物もない。すでに先駆の第一中隊は突撃して、肉弾戦を演じているらしいのだが、この頃から、どうも眼の先が暗くなって、敵の所在もよく見えないし、そのうちに、耳までが遠くなって、小銃の音さえがよく聞えず、方角が判らなくなった。おかしいなと思って、しばらく、じっとしていたが、こうしていても仕方ないと思ったから、私は思い切って大声を出し、一直線に村落の中に飛びこんで行った。

するど不思議なことに腰が軽くなって、まるで雲の上を駈け抜けて行くような気持になった。小隊の兵士たちが、私の後について来ているかどうかも、よく判らなかった。不思議と何の音も声も聞えず、静まり返った灰色にかすんだ村落の中央の道路を、ひた走りに走り続けた。村の中央の辺りであったろうか、道路のまん中で、誰か判らぬが黒い二つの影が斬り結んでいるのが、ちょっと眼に映っただけで、その他は何も記憶に残っていない。(石光『城下の人』)

結局、石光は村の反対側まで走り抜けてしまい、また、このとき握っていたのが軍刀ではなく、棚杖(小銃の掃除棒)であったというエピソードを記しているが、実際のところ、初陣とは往々にしてこのようなものだったのだろう。なお、石光の手記は、決して自分を大きく見せず、ありのままの姿を記している。この点は、とかく大言壮語が目立つ中国大陸関係者の他の回想録などとは大きく異なるところであり、今日にいたるまで日本近代史の名著として読み続けられる所以であろう。

ところで、日清戦争といえば、戦闘での死者よりも病死者の方がはるかに多かったことはよく知られる事実である。日本の戦死者約一万三〇〇〇名のうち、九割近くを病死者が占めている。そして、石光もまたコレラであやうく死にかけるという経験をした。このときには従卒がビール瓶に湯を入れ、それを腹に当てて温め、さらに肛門を押さえて下痢を止めるという治療(?)の末、なんとか一命をとりとめている。

さて、日清戦争は、後の日露戦争に比べると何かと地味な戦争ではあるが、参加者にとっては、間違いなく命をかけた戦いであった。戦場になった遼東半島、すなわち満洲には多くの日本人の血が流れたのである。しかし、そうした犠牲の上で得た戦果は、露独仏の三国干渉によってあえなく奪われてしまう。下関条約で認められた遼東半島の割譲に対し、三国は極東アジアの安定を理由として放棄を要求したのである。

この事件は日本人に対し、日清戦争の勝利よりもむしろ大きな衝撃を与えた。石光もまたその一人であった。石光はその手記において「山野を血で染めた惨憺たる戦いの犠牲を、自分の眼で見て来た私たちの悲憤は、一層収まり難いものであった。遺族の消息や、廃兵の姿に接するたびに、私の胸には次第に深い傷痕が刻まれていった」と述べている。そして、そうした憤りはロシアの野望に対する警戒感へと転換された。

国と国との、民族と民族との、生きる戦い、子孫のための戦いの激しさを、私たちは血煙と絶叫のうちに、見せられ聞かされたのである。やがては、大ロシア帝国の侵略に脅かされて、再び国の運命を賭けて戦わねばならない時が来るであろう(石光『城下の人』)

石光はロシアとの衝突を不可避の運命と考え、やがて来るべき戦争のためにロシア研究を志した。それは彼の人生の大きな転機となるものであった。当時、陸軍でロシアについて研究していたのは、田中義一(後の陸相、首相)をはじめわずか数名にすぎなかったという。石光が休職して私費でロシアに留学することを決心するのは、一八九九年のことであった。その前年、列強が清国分割競争に乗り出し、ドイツが膠州湾を、ロシアが旅順・大連を、イギリスが威海衛を、フランスが広州湾を手中に収めるという事件が起きていた。

三国干渉から僅か三年後のことである。なお清国朝廷では、列国の分割競争が起こるなか、青年知識人による近代化を目指した政治改革の動きがあったが(変法自強運動)、西太后へのクーデタが失敗し、若き皇帝・光緒帝は幽閉された(戊戌政変)。二百数十年続いた清朝が、いよいよ衰退の兆しを色濃く見せていた。このように東アジアが風雲急を告げるなか、石光は極東ロシアへと赴いたのである。

義和団事件の勃発

石光がウラジオストクに到着したのは一八九九年八月のことであった。ロシア人宅に寄宿してロシア語を学び始めたちょうどその頃、清国山東省では義和団が排外運動を本格化しつつあった。義和団は民間信仰と武術が融合したものであるが、シャーマニズムや不死身を信じるなど呪術的な性格が強かった。とはいえ、扶清滅洋を叫んでいたから、上からの改革（先述の変法自強運動）に失敗した清国において、下から起こった政治変動であったともいえよう。ともかく、またたく間に拡大したこの勢力は、翌一九〇〇年には天津・北京方面へと迫り、やがて北京の公使館区域を包囲した。このとき、ドイツ公使および日本外交官が殺害されている。北京で外国人らの籠城戦が始まると、関係各国はこれを救助すべく連合軍を派遣したが、一方の清国朝廷は、義和団に乗じて列強に宣戦布告するという挙に出たのであった。

ウラジオストク時代の石光（写真一番左が石光、中央手前が後の陸軍大将・武藤信義）（憲政資料室所蔵「石光真清関係文書」）

そうしたなかで、ロシアは鉄道破壊などの報復として満洲に武力進攻する。これまでのロシアの極東政策は、あくまでも経済的手段による進出策をとっていた。ウィッテ蔵相によって進められた、いわゆる平和的侵入論である。しかし、この義和団事件を契機に、ロシアは武力行使による満洲進出を企図するようになる。北満の主要都市の一つである黒河の対岸、ブラゴベシチェンスクで起きた清国人三〇〇〇人の虐殺事件――アムール河流血事件は、この武力発動の口火を切るものであった。この事件は日本にも衝撃を与え、「アムール河の流血や」という歌にもなった。石光は当時、ブラゴベシチェンスクに滞在しており、東アジアの軍事的緊張を肌で感じていた。

この事態に一旦ウラジオストクに戻った石光であったが、そこで命じられたのが、ハルビンでの諜報活動であった。ハルビンはロシアが建設中の、東清鉄道の拠点となるべき都市である。当然ながら、その潜行には困難が予想された。そうしたなか、石光のハルビン行きを斡旋してくれたのが、偶然知り合った中国人馬賊であった。かくして、彼の諜報活動には現地の裏社会のルートが大きな意味を持つようになる。

ところで、この馬賊なる存在については少し説明が必要であろう。一般的には匪賊《ひぞく》の一種のように考えられているが、それは必ずしも正確とはいえない。たしかにその原型は「紅鬍子」(赤いヒゲの意)と呼ばれる匪賊の類にあるが、日本人が接した馬賊の多くは、清末、とくに義和団事件以来この地に多く発生した自警団に近いものであった。満洲では、ロシアの武力進攻によって公権力が機能不全に陥っており、在地勢力が自らの手によって地域秩序を維持しなければならない状況が生まれた。「正統」な馬賊とは、そうして成立した自警団のなかの精鋭部隊を指す。彼らは地域社会に根付き、一種の侠客であるとともに、民間宗教的な結束力を持っていた。そして、自身の縄張りの治安を維持するとともに、縄張り通行の「保証金」を取ったり、ときには他の勢力範囲に攻め入ったりするのである。石光が出会ったのは、まさにそうした勢力であった。

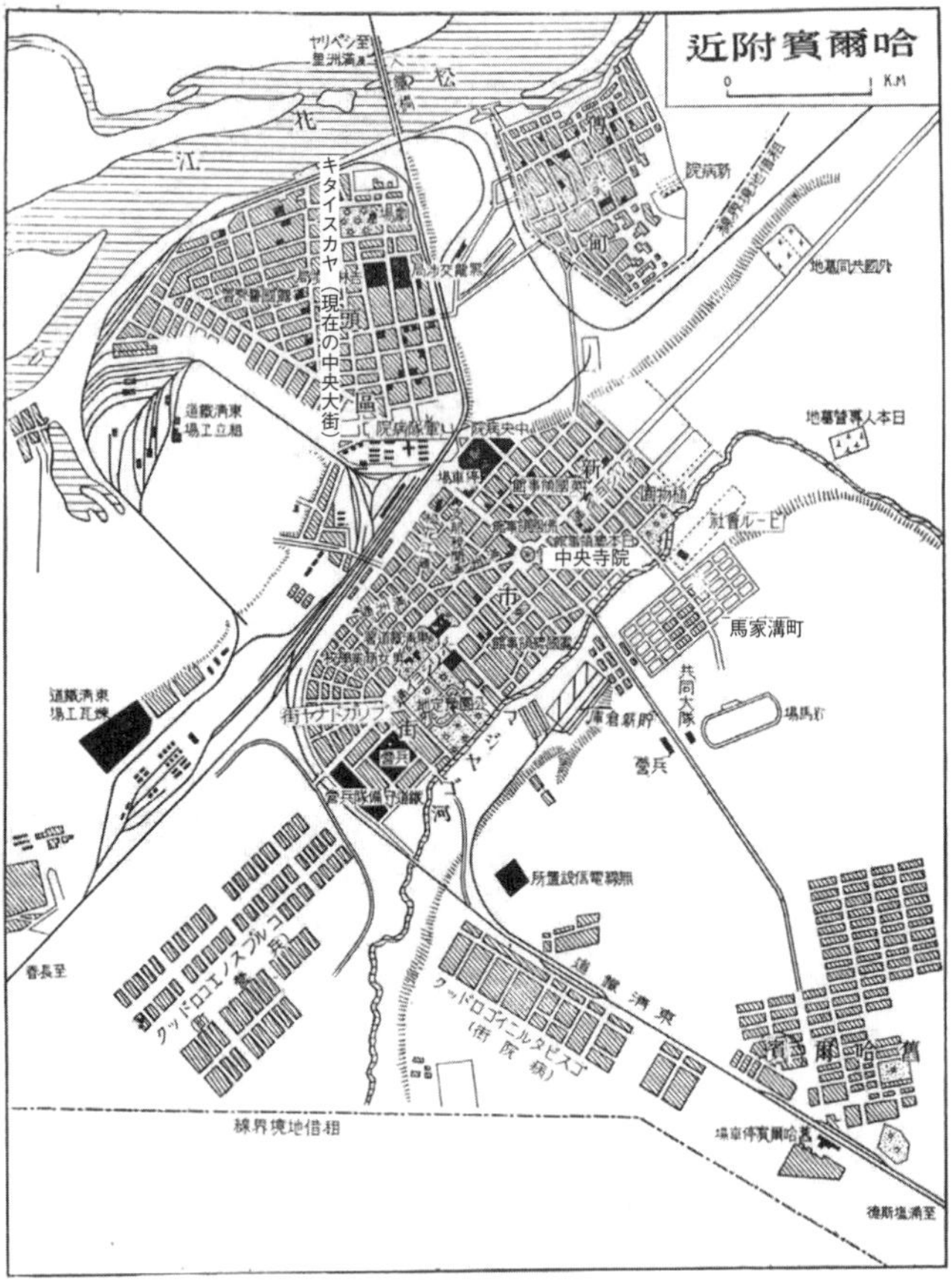

ハルビン市街（新光社編『世界地理風俗大系』第1巻、新光社、1932年）

さて、石光がハルビンに到達したのは、一九〇〇年八月にウラジオストクを出発してから二ヶ月あまり後のことであった。すでに義和団事件は八ヶ国連合軍によって鎮圧され、ロシアの満洲占領も一段落ついた頃である。ハルビンはもともとわずかな集落があるだけの寂れた土地であったが、ロシアは鉄道と松花江の水運が交叉する要所として重視し、鉄道付属地の名目で広大な土地を買収して市街建設をすすめていた。やがて東方のパリとも呼ばれる街へと発展する。なお、このとき建設された市街は、現在も黒竜江省の中心都市であるハルビン市の骨格をなしており、観光名所である「中央大街」と呼ばれる松花江沿いの街路には、ロシア建築の街並みが残されていて往時がしのばれる。

石光はこの新興都市において、活動の拠点を作るべく、ひとまず洗濯屋を開業した。かくして彼の諜報活動がはじまったが、その最中には、馬賊に捕らわれ、一ヶ月以上もの牢獄暮らしを経験したこともあった。しかし、単独での諜報活動には限界があったのであろう、石光はウラジオストクに一旦帰還することとした。今でこそ列車や飛行機での一足飛びの旅だけれども、このときは馬車と列車を乗り継ぎ、最後は徒歩という行程であった。しかもマイナス三〇度を下回ろうかという極寒のなか、雪山を越えて行くのである。文字通りの命がけの旅であった。

かくしてウラジオストクに帰還すると、そこには町田経宇陸軍少佐、武藤信義同大尉があり、協議の結果、諜報網を構築する必要について意見が一致した。そして、その拠点をハルビンとし、新たに写真館を設立することとした。一九〇一年二月、参謀本部から石光のもとに届いた訓令には、石光が写真館を経営することに賛成し、資金として三〇〇〇円を支給することが記されていた。早速、石光はハルビンに赴き、写真館の経営に着手した。

そこで問題になったのが、陸軍の諜報機関であることが露見する危険性であった。参謀本部は現役を退いて任務に当たることを暗に促したが、石光自身もその必要性を認めていた。石光は退役を決心した。

石光はその決心を「ここ一ヵ年の間に私が体験した歴史の激変と国の運命を考えると、清純であった三十四歳の私の魂は、悲痛な叫びで私自身の決意を促したのである」とその手記に記す。そして、

「私は後悔しないであろう」という(石光『曠野の花』)。彼の人生において、この決断は大きな分岐点となった。弟真臣が軍人として出世していくのと対照的に、日露戦後の石光は、幾度となく事業に失敗し、常に経済的な困難に悩まされる不遇な人生を歩むからである。この手記の原稿は、明治末頃に書きはじめ、大正期にかけて段階的に完成していったらしいが、三四歳当時の自身を「清純」と形容し、その決断を「後悔しない」とあえて記すのは、自分自身に言い聞かせてのことであろうか。東アジアの変動は、彼の人生を翻弄したのである。

こうして石光の諜報活動が始まった。彼が写真館を構えていた場所は、手記によればマチャゴ(馬家溝)の北西とあるが、中央寺院(現在の紅博広場)の付近らしい。

馬家溝付近の様子(1930年代か?)。

日常的にどのような活動を行なっていたのかは、彼の手記からは今一つはっきりと見えないが、写真館としての業務を利用してのものが主体であったようである。たとえば、手記には次のような記述がある。石光の写真館はロシア軍当局からの仕事が多く、なかには鉄道建設関連の撮影などもあったが、これらは軍事機密だけに制約も厳しかった。現像は鉄道事務所内で役人立ち会いのもとで行なわなければならず、また、焼き付け後は原版を役所に納めなければならなかった。かなり厳重な管理が行なわれていたのである。そこで、石光は焼き付けの際に、特殊な加工を施した不良品を故意に作成した。これは持ち帰った後に復元できるものであった。それを日本本国に送っていたのである。

こうして石光の写真館は満洲における諜報網の拠点となり、対露問題から大陸に渡ってきた志士なども自然と集まってきた。なかには言文一致運動で知られる二葉亭四迷や、日露戦争開戦直後に後方撹乱に従事し、ロシア軍に捕まって処刑される横川省三、沖禎介といった顔触れがあった。後の首相で、当時陸軍少佐であった田中義一が、サンクトペテルブルグからの帰途立ち寄ったこともあった。そのときには、志士たちとともに飲み明かしたという。

日露の対決へ

石光が諜報活動にとりかかったその頃、日本はイギリスとの同盟交渉をすすめ、一九〇二年一月に日英同盟が成立していた。これは満洲占領を続けるロシアを牽制する意味から結ばれたものであったが、イギリスが孤立政策を放棄し、極東アジアの一小国である日本と手を結んだという事実は、日本人を大いに喜ばせた。一方ロシアにとってみれば、一九〇一年の秋に北京議定書が成立して列国の義和団事件の戦後処理が一段落しており、満洲占領を強行し続けづらい状況となった。そこで間もなく露清撤兵条約を結び、半年を一期として、三期(一年半)で段階的に満洲から撤退することを約束した。日英同盟によるロシア牽制策が功を奏し、東アジアの緊張関係は緩和したかに見えた。

しかし、露清間で撤兵条約が締結されたとはいえ、満洲現地にある者にとっては、情勢はさして好転したようには見えなかったらしい。この頃、奉天、大連などの満洲各地を調査した石光の眼には、ロシアの撤退は全く現実的なものとは映らなかった。一九〇二年六月に南満洲を視察し、奉天、大連などに赴いた石光は、ロシアの満洲経営がそれまでと変わりなく進められている事実を目の当たりにしている。彼はその様子を、露清撤兵条約が「調印当時から反古同様」であり、「ロシアはこんなことには頓着なくその理想を一方的に押し進めていた」(『曠野の花』)、と記す。そして、石光の観察は的中する。ロシアは第二期撤兵の期限である一九〇三年三月に条約を無視し、撤兵を履行しなかったのである。それればかりでなく、満韓国境地帯では、ロシア軍の拠点とおぼしき木材会社が作られていた。ロシアの極東政策は、朝鮮への勢力伸長までも視野に入れたかのようであった。

これを見た日本国内では対露強硬論が噴出したが、満洲現地にあっては、その緊張はなおのことであった。石光の写真館は満洲の主要地に諜報網を持っており、ロシアの行動を十分把握していた。その結果、石光やその周辺の日本人たちは、ロシアとの対決を当然の帰結と考えるようになっていた。一九〇三年七月、ヨーロッパ出張の途次にこの地を訪れ、石光に面会した上原勇作陸軍少将は、戦争を見越してロシアの鉄道輸送力の精密な調査を依頼している。陸軍、なかでも参謀本部は対露開戦論を早くから唱えることになるが、そこには現地からの情報が判断材料にあったのであろう。

一方、ロシア政府内では、満洲の保護地域化は当然の既定路線ではあるものの、日本と対立してまで朝鮮に進出することには、若干の躊躇があったようである。クロパトキン陸相は日本を視察した結果、日本の軍事力を高く評価し、その後の旅順会議において日本をあまり刺激しないよう、慎重な態度をとることを主張するのである。しかし、ロシア宮廷内には、ベゾブラゾフに代表される強硬派があり、やがて極東太守に任命されるアレクセーエフは日本を軽視していた。小国日本が大ロシア帝国に歯向かうはずがない、というのが彼らの見立てであった。

ロシアの撤兵中止を見た日本では、一九〇三年四月、元老の伊藤博文と山縣有朋、そして桂太郎首相、小村寿太郎外相が山縣の別荘に集まって対露方針を協議した。いわゆる無鄰庵会議である。その結果、満韓交換論――日本の朝鮮における優越権と、ロシアの満洲における優越権を相互に承認する――にもとづく日露交渉が六月から開始された。しかし、満洲問題を日本と話し合うこと自体を嫌うロシアとの間に、交渉は思うように進展しなかった。ロシアは日本に対し、朝鮮の北部を中立地帯とし、南部を日本の勢力範囲とするという対案を提示する一方、満韓国境の満洲側に中立地帯を設けることには応じず、朝鮮がロシアの勢力範囲外であるということについても明言を避けていた。この間、穏健派のウィッテ蔵相は失脚していた。

この日露交渉がはじまった頃、石光のもとには露清国境であるブラゴベシチェンスクや満洲里、あるいは朝鮮北境から、ロシア軍に動きが見られるとの情報がもたらされていた。また、奉天、遼陽、大連などの各所からもロシア軍増強の情報が届いていた。

ちょうどこの頃、極東太守のアレクセーエフが彼の写真館を訪れている。そして写真撮影を終えたアレクセーエフは、石光らを極東艦隊の演習に招待した。日本人に威容を示した上で、バルチック艦隊はその比ではないことを自ら説明したという。日露交渉が停滞するなかでの威嚇であった。しかし、石光の見たところ、これらのロシアの動きは恫喝が主たる目的であり、必ずしも開戦準備を意味してはいなかった。なお、戦後編纂されたロシア側の日露戦史によれば、たしかにロシアはこの時期の開戦を不利と見ており、引き延ばしを図ろうとしていたから、石光の観察は間違っていなかったといえる。しかし、ロシアの態度を強硬と見た日本人は、緊張感を強めた。そして、いよいよ戦争間近であることを感じとった現地の日本人は、一九〇四年の一月末には引き揚げを始めるのであった。

一方、ロシアの交渉態度を見た日本政府では、一九〇三年の末に交渉の打ち切りと開戦を決意していた。実際には、ロシアはこの後にも妥協策を提示しようとしていたのであるが、日本から見れば、ロシアの態度は交渉の引き延ばしにほかならなかった。一九〇四年二月六日、小村外相はローゼン駐日ロシア公使に国交断絶を通告する。そして、その二日後、日本の海軍がロシアの旅順艦隊を奇襲してついに日露戦争がはじまるのであった(宣戦布告は二月一〇日)。

日露の衝突がいよいよ現実のものとなりつつあるのを察した石光は、中国人の馬賊仲間がその機に乗じて決起するならば、行動を共にしようと考えていた。当時、満洲現地にはそうした勢力がいくつかあり、事実、開戦後には日本人将校のもと、満洲義軍、東亜義勇軍といった大陸志士と現地馬賊との連合部隊が結成されている。日本にとって現地馬賊を動員することは、諜報や後方攪乱の役割を期待するとともに、ロシア軍への帰順を抑止する上で重要な意味を持っていた。しかし、石光自身は準備が整う間もなく戦争が勃発したため、帰国を余儀なくされる。もっとも、長らくの諜報任務を終えて帰宅した石光を待っていたのは、召集令状であった。彼は軍服を身にまとい、暮し慣れた満洲に再び向かうのである。

*

日露戦争の経過については、あらためて記す必要はあるまい。陸軍は旅順攻略、奉天会戦を勝ち抜き、海軍は日本海海戦で大勝をおさめた。しかし、その犠牲は、一〇年前の日清戦争とは比べものにならないほど大きなものであった。日本側の戦没者は実に八万人以上に及んだ。また、銃後にあった人びとも増税に耐えた。戦費の総額は一八億円に上るが、ほとんどは外債であったから、戦後もその負担は続いたのである。そればかりではない。国家の運命を自身のそれと同一視し、満洲に潜伏して一身を犠牲にした者も少なからず存在した。石光もまたその一人である。石光は満洲の諜報活動に身を挺し、ときには囚われの身となり、あるいは酷寒の雪山を越え、命を危険にさらしたことは一度や二度ではなかった。

しかし、戦後の彼を待っていたのは過酷な現実であった。すでにハルビンの写真館はなく、職を失って路頭に迷わざるを得なかった。彼はしかたなく満洲に舞い戻るが、何度も事業に失敗して失意のうちに帰国するのであった。

このように多大な犠牲を払って戦争に勝利したにも関わらず、日本は賠償金を得ることができず、領土割譲も南樺太のみにとどまった。主たる戦果は、朝鮮の独立――保護国化を意味するが――とロシアが満洲に築きつつあった鉄道の一部および租借地に過ぎなかった。日本人は、それまでの連戦連勝に歓喜して国民的な興奮のなかにあっただけに、この結末への落胆もまた非常なものであった。その不満が爆発したのが、日露講和反対を掲げた民衆による日比谷焼打ち事件である。帝都東京は大混乱に陥り、戒厳令が布かれる事態となった。そうした日本人にとって、「満洲」は日露戦争の代償そのものとして記憶されていく。「一〇万の生霊と二〇億の国帑」――これは極東アジアの危機に対して日本が払った犠牲を表わす言葉であるが、それと等価となったのが満洲権益であった。日本と満洲との関係は他国が容喙できない、歴史的に特殊な意味を持つのだ、という意識が芽生え、やがてこの地域を「特殊権益」と位置付けるようになる。ここに日満関係の歴史がはじまるのである。その具体的な様子については次章以降に譲ることとしよう。

なお、石光はその後、ロシア革命時に再びスパイとして極東ロシアで活躍するが、結局、晩年にいたるまで経済的苦境は変わらなかった。一九三八年には脳溢血で倒れ、その四年後に亡くなった。しかし、死の前年には子息・真人が石光の手記を編纂して『諜報記』として出版しており、石光の活躍はここにようやく陽の目を見たのであった。

参考文献

石光真清『諜報記』育英書院、一九四二年
石光真清『城下の人』竜星閣、一九五八年
石光真清『曠野の花』竜星閣、一九五八年
渡辺龍策『馬賊』中央公論社、一九六四年
稲葉千晴『暴かれた開戦の真実』東洋書店、二〇〇二年
渋谷由里『馬賊で見る「満洲」』講談社、二〇〇四年
露国海軍軍令部編(帝国海軍軍令部訳)『千九百四、五年露日海戦史』第一巻上、一九一五年(芙蓉書房出版から二〇〇四年に復刻)
千葉功『旧外交の形成』勁草書房、二〇〇八年

第一章　「満蒙」の先覚者――辻村楠造《つじむらくすぞう》

日本の満洲経営の基盤は、日露戦後処理のなかで徐々に形作られていった。その方向性については、各人の思惑により様々であったが、傾向として、満洲現地の側に積極論が多く見られた。そうした積極的経営論のなかで生まれてくるのが、本書の主題である「満蒙」である。ここでは、辻村楠造という人物を取り上げてこの間の経緯を見ていこう。

辻村楠造といっても、今その名を知る人はほとんどないだろう。陸軍において経理官の頂点である主計総監まで登りつめた人物ではあるが、史料もあまり残されておらず、よくわからない部分も多い。

辻村は一八六二年、高知に生まれた。もともと歩兵であったが、一八九一年、陸軍経理学校に第一期生として入学し、経理官としてのキャリアをスタートする。二年後に首席で卒業した彼は、その後も頭脳明晰で知られ「数学の辻村」と異名をとったほどであった。日露戦争では積極的外債主義を唱え、財政よりも軍備優先が彼の信条であった。軍備が整ってこそ経済の安定があり、戦争に勝利すれば軍費に上回るさらなる利益を得られる、というの

辻村楠造（藤村一徳ほか編『満洲紳士録』奥谷貞次、1907年）

である。大正のはじめ、上原勇作陸相の増師案と政府の経費削減案が対立したとき(二個師団問題)、上原陸相を助けて増師実現に向けて努力したのも当時経理局長の地位にあった辻村であった。

この辻村と満洲とを結びつけたのが日露戦争である。陸軍経理部は、平時においては経理事務、糧秣や被服の調達、施設の営繕などを担当するが、戦時となれば兵站を支える重要な役割を担い、経済情報の調査なども行なった。まさに経済の視点から戦争を、そして戦後経営を支えたのである。辻村もまた兵站を担当すべく遼東守備軍の経理部長として満洲に渡ることとなった。そして、日露戦後も関東都督府陸軍部の経理部長として現地に残り、満洲経営体制の確立に重要な役割を果たすことになる。関東都督府といえば、満洲経営の主役であり、その陸軍部は後の関東軍の前身となる組織である。経理官としての彼の目には、この地はどのように映ったのであろうか。

満洲経営体制の確立

まず、日露戦後の満洲経営体制の出発点について簡単に説明しておきたい。一九〇五年九月にポーツマス条約が結ばれて日露戦争は終結した。しかし、日露両国は終戦にともなって即時満洲からの撤兵を実行したわけではなく、同年一〇月に日露両国で合意にいたった四平街議定書によれば、一九〇七年までに漸次撤兵を完了することになっていた。ところが、イギリス、アメリカ、清国は、日露の占領継続を警戒し、早期満洲開放を望んだ。日露戦争のきっかけがロシアの満洲占領にあったことを考えれば、当然の懸念であろう。とくにイギリスとアメリカは、日本の軍政下において通商活動に制限が設けられ、日本人に比べて不利な状況に置かれていることについて不満を強めていた。

こうした不満を重大視したのが伊藤博文である。伊藤は一九〇六年二月、韓国統監に赴任するのに先立ち、大磯に関係者を集め、早期満洲開放について協議した。また、西園寺公望首相は、組閣から間もなくして自ら満洲に赴いて現地を視察し、満洲開放が可能であることを確認した。交通の不便なこの時代に、首相の外遊は異例のことである。満洲開放問題がいかに重要であったかを示すものであろう。

ここで問題となったのが関東総督府の存在であった。関東総督府は遼東守備隊を前身とする、満洲占領地の軍政全般をつかさどる組織である。それゆえに、関係国の猜疑の的となっており、これを平時組織に改め、権限を解体していくことが必要となった。伊藤は五月に再度協議会を開催して早期満洲開放の必要を訴えた。現地軍が占領政策の基本方針としている「軍政実施要領」という書類を入手し、その内容が軍政期間を利用して勢力扶植を図ろうとするものであるとして、参謀総長である児玉源太郎に対し、その行き過ぎを非難したのである。日本の国際的地位や経済基盤が脆弱である以上、伊藤からすれば、イギリスやアメリカとの関係を悪化させたまま、戦後経営を行なうことは不可能であった。

かくして、日本政府は早期満洲開放を決定し、関東総督府は関東都督府と名称を変えて平時組織に再編され、関東州租借地の行政および南満洲鉄道の警備を担当することになる。

関東都督には大島義昌陸軍大将、民政長官には植民地官僚として台湾にあった石塚英蔵が就任している。そして、先に述べたように陸軍部の経理部長に就いたのが辻村であった。

なお、関東総督府のもとで各地の行政を管轄していた軍政署は、順次廃止されて行政権を清国に返還することになり、現地日本人の保護は領事官がこれを引き継いだ。

ちなみに、こうして軍政体制が解体されていくなかで、南満洲鉄道の経営および付属事業と、鉄道付属地の行政を担当する会社として設立されるのが、南満洲鉄道株式会社――通称、満鉄である。このようにして日本の満洲経営体制が徐々に整っていくのであるが、全般的な行政機能を持つ軍政機関を解体し、権能毎に再編したために、結果的に関東都督府、領事館、満鉄が拮抗する、いわゆる三頭体制が出来上がってしまった。こうして行政・軍事と外交、経済が並立する経営体制では、統一した方針が取りづらく、権限めぐる対立がしばしば起こることになる。そこで今度は反対に、経営体制を統一すること、つまり三頭体制の見直しが満洲経営上の課題となるのである。

ところで、満洲といえば、後には日本の「生命線」であるといわれ、この地の開発こそが日本の発展の要になると考えられていたことはよく知られるとおりである。しかし、意外なことに日露戦争直後においては、満洲権益について高い価値を見出していた者は多くなかった。陸軍の大御所である山縣有朋は、その経済価値を低く見ており、むしろ軍事戦略の観点から、対露牽制のために各国の資本を入れるべきだと考えていた。こうした見方が主流派であったため、日露戦争終結直後、アメリカの実業家ハリマンが南満洲鉄道の共同経営を持ちかけて来たとき、伊藤や山縣、井上馨といった元老や大蔵省などが賛成し、桂太郎首相はハリマンとの予備契約に調印したのである。しかし、これに反対し、契約を破棄させたのがポーツマス会議から帰国した小村寿太郎外相であった。小村は満洲権益こそが日露戦争の戦果である以上、それがアメリカに奪われることがいかに重大な意味を持つのかをよく理解していた。小村は満洲における鉄道経営に価値を見出しており、うまくいけば朝鮮半島および

日露戦争直後の大連（大本営写真班撮影『日露戦役写真帖』第9巻、小川一真出版部、1906年）

満洲における植民地経営の費用を捻出できると見込んでいたという。

しかし小村にせよ、いかに安価に大陸経営を進められるかに重点があるのであって、満洲という広大な大地をどう開発していくのか、どのような可能性があるのかを積極的に追究しようとするものではなかった。そうしたなかで、この地域の価値を高く見積もって、開発に意欲を燃やしていたのは、現地にある人びとであった。なかでも実際にその発展策を遂行した人物の一人が辻村である。経理官としての辻村の目には、満洲の資源が非常に価値のあるものと映った。かくして、現地の人びとの手によって経営体制が整備されていくのである。

日本が満洲経営の拠点と定めたのが大連であるが、そもそも、この地は青泥窪（チンニーワー）と呼ばれた一寒村にすぎなかった。そこに、一九世紀の終わりに李鴻章が砲台などの軍事施設を築いて、周辺一帯を含めて大連湾と名づけた。その後、ロシアが極東政策の新たな拠点とすべくこの地を租借し、ダルニー（遠方の意）と称して大規模な開発を計画したのである。そのなかに大連の市街建設も含まれていたが、日露戦争によって途中停止を余儀なくされていた。

日露戦争後、ロシアから関東州租借地を継承した日本で

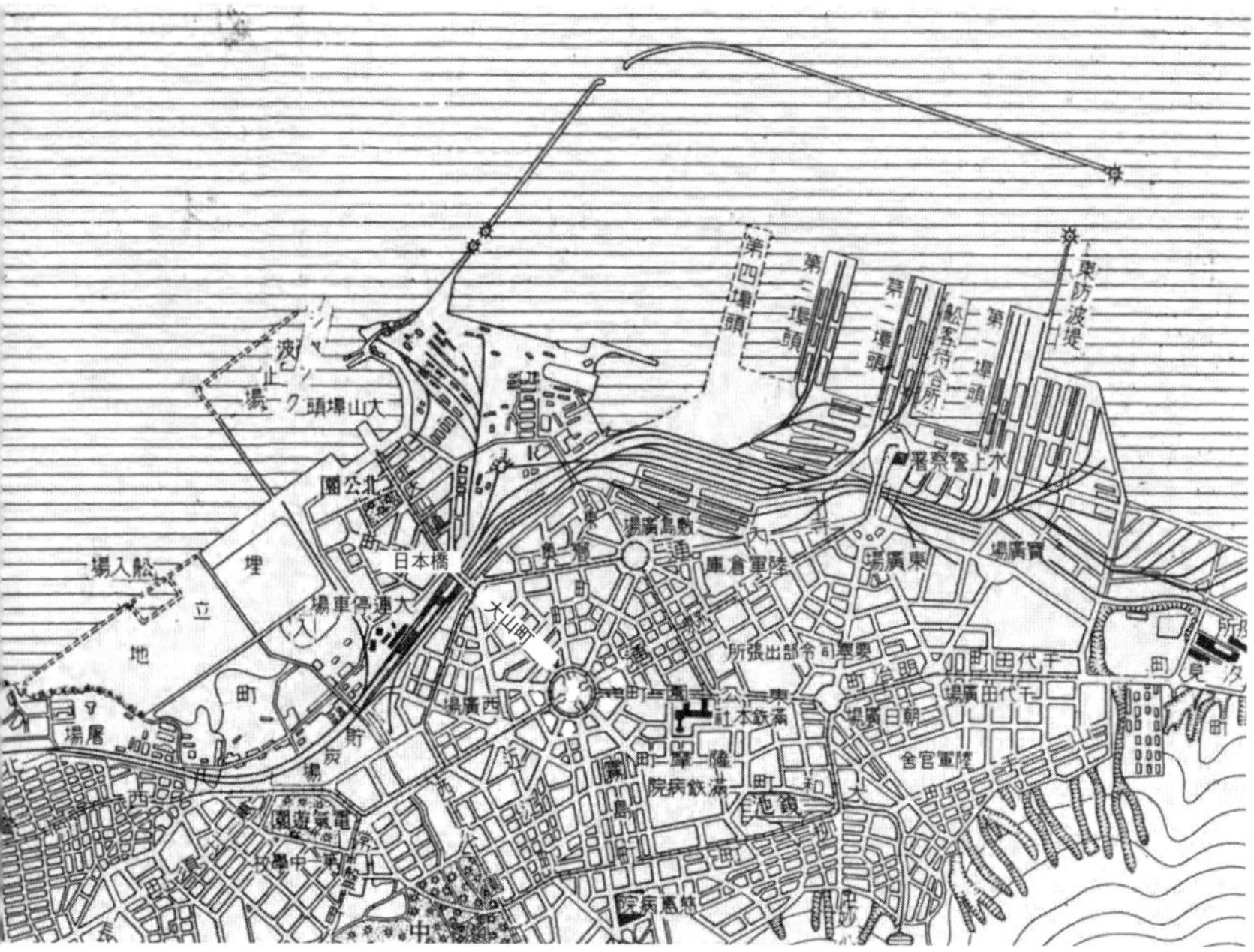

大連（新光社編『世界地理風俗大系』第 1 巻、新光社、1932 年）

は、ロシアの立てた都市計画を実行することは、予算などの関係上不可能であると考えられていた。しかし、ロシアの計画を引き継ぐことを決めたのが、積極的満洲経営を唱えていた児玉源太郎である。

　とはいえ、それを実行に移すとなると簡単ではない。このとき、大連の大都市計画実行の立役者となったのが辻村だったのである。満鉄の後藤新平総裁、中村是公副総裁も辻村を相談役として信頼し、その献策を容れることも度々であったという。

　では、最もネックとなる資金問題をどのようにして乗り越えたのであろうか。そこで辻村が目を付けたのが「彩票」、つまり宝くじである。戦争とは、ある面では大きな経済活動でもある。日本軍の後方で物資輸送などに携わったのが多くの労働者たちで、そのほとんどは清国人であった。大連だけでも三万人、費用にして一日当たり一〇〇万円という巨額にのぼったという。こうして現地に流れ込んだ資金の還流を図るための方策が彩票であった。そして、そこで得た資金を今度は大連市街の建設に用いたのである。

なお、「大広場」(現在の中山広場)から大山通りを抜けて児玉町にいたる陸橋・日本橋が、鉄筋コンクリートで建設されることになったのも、児玉と辻村の決定であるという。当時日本国内では本格的な鉄筋造りの橋はまだほとんど作られていなかったが、あえてこれを採用したのである。

この日本橋は、欧亜を結ぶ玄関口・大連の名所の一つとなる。

こうして満洲現地の人びとによって、満洲経営の中心都市・大連の街は着々と整備されていった。たとえば、パリを模して円形の広場から放射線状

大連大広場（大西守一『大連名勝写真帖』東京堂、1924年）

日本橋（『大連名勝写真帖』）

に伸びる街路は、当時まだ日本でも珍しかったアスファルト舗装であった。そして、レンガ造りの洋式建築も採用した。新興の植民地都市において、新たな支配者として威容を見せつける必要があったのである。

当時やや過大に過ぎると考えられていたこの市街建設だが、辻村には先見の明があったといえよう。日露戦争直後に人口二万ほどだった大連は、以後、日本の集中的な経済政策が功を奏して満洲の玄関口として発展し、一九四〇年代には人口八〇万人以上の大都市に変貌するのである。なお、現在も大連の中心市街の基本構造はこの時代のままである。

「満洲」から「満蒙」へ

新開発の活況に沸く満洲には、新天地に期待して集まる様々な人間の姿があった。そのなかにしばしば見られたのが、うまい儲け話に与《あず》かろうとするいわゆる一旗組である。しかし、彼らの多くは事業に手を出しては失敗した。かつての志士にも満洲ゴロ、大陸浪人に落ちぶれる者が少なからずあった。そうした者のなかには麻薬の密売に手を出す者すらいた。奉天に長く生活していたイギリス人医師クリスティによれば、この頃、満洲の現地行政をつかさどる奉天将軍の趙爾巽がアヘン禁止政策を実施していたが、そこでかえって日本人の売るモルヒネが流行ったという。これ以降、日本人の麻薬密売は、近代日中関係の裏面として無視できない部分となる。

大陸浪人が糊口をしのごうとすれば、裏社会に生きるか、都督府などの嘱託、通訳といった肩書を得るほかない。しかしなかには、チャンスを求めて満洲よりもさらに奥地に進み、モンゴルに潜入する者も現われる。この頃からモンゴルに潜入する日本人の数が徐々に増えていくのである。満洲を勢力範囲下においた日本にとって、モンゴルはその外縁――新たなフロンティアとなった。この時期にモンゴルに潜伏していた、一風変わった人物として、カルピスの創始者である三島海雲がいる。三島は、日露戦争をきっかけに内モンゴルで牧畜事業を企画していたが、結局、権利関係で問題を起こしたことなどもあり帰国する。しかし、モンゴル滞在中に得た知識をヒントにしてカルピスの開発に成功するのである。

そもそも、日本とモンゴルとの関わりは日露戦争を前後してはじまる。日本人でモンゴルと関わりをもった人物として、何といっても真っ先に挙げられるのが、蒙古王こと佐々木安五郎であろう。日清戦争後に台湾で官吏となり、さらに転じてジャーナリストになった佐々木は、義和団事件後に清国北京に赴いて内モンゴルのカラチン王グンサンノルブと知り合う。これがきっかけでカラチン王府は、日露戦争中、特別任務班の活動拠点となった。グンサンノルブは開明的な王として評判の人物である。清朝八大王家の筆頭で、親日派として知られる粛親王善耆の義弟でもあり、一九〇三年には訪日している。このときの縁から、モンゴル初の女子教育の教師として、下田歌子の紹介により招聘されたのが河原操子であった。

日露戦争を前後して、モンゴルでは清朝の植民実辺策――ロシアへの対抗から漢民族を辺境に入植させて支配の実質化を図る――が進んでおり、漢民族との間に摩擦が起こっていた。遊牧民族と農耕民族の対立である。このような状況下において、モンゴル側にとって、日蒙提携は独自性を確保しつつ近代化を図る手段であったといえる。この時期の日本の大陸政策は、モンゴルへの広がりを持つ可能性を秘めつつあった。

　こうして日露戦争をきっかけにモンゴルへの関心が強まっていくが、なかでも早くからこの地域に目をつけていたのが辻村であった。経理官である辻村にとって、戦争は経済の観点から考察される。そこでモンゴルの資源が辻村の目に止まったのである。モンゴルには馬や羊が豊富にある。軍用馬や軍服の材料である羊毛などは、日本が今後戦争を遂行していくうえで不可欠な物資であった。また、金銀銅などの鉱物、塩やソーダなどの地下資源もあり、日本の満洲経営を資源問題から見たとき、不可分の地域であったといえる。

　そこで辻村が最初に提唱したといわれるのが「満蒙」なる地域概念である。つまり、満洲とモンゴルを一体化して経営すべきであると主張したのである。そもそも、満洲とモンゴルは歴史上、文化上、いずれの見地からも異なる地域であった。満洲人を含むツングース系の民族は、もともと森林や河川といった環境のなかで狩猟採集中心の生活を営んでいたが、モンゴル人はよく知られているとおり、遊牧生活が中心であり、異なる文化を発展させてきたのである。もちろん、両者は歴史上、密接な関係を有してはいた。ときに支配し、あるいは従属する関係でもあったから、文化的な関連性は当然ありうるが、民族的に融合したわけではなく、その独自性は明確であった。

　もっとも、ヨーロッパ人は、この地域への認識が不十分な時代には、タタール、あるいはタルタリと呼んで同一視していたこともあった。このタタールは韃靼《だったん》と同義である。なお、韃靼は日本でも満洲人・モンゴル人を指す語として近世まで用いられていたから、もともと日本人の認識はヨーロッパ人と近似していたともいえよう。ともあれ、この後、日本は満洲経営において東部内モンゴルを密接不可分であるとし、「満蒙」という地域概念を主張して、それを関係国にも認めさせようとする。このように、「満蒙」は日本の大陸政策上の都合という、極めて政治的な意図から成立する概念であるが、辻村はそれをいち早く造語・提唱した人物だったのである。

これに関連して指摘すべきが、辻村が満洲の積極的経営策として満鉄培養線の必要性を早くから説いていたことである。南満洲鉄道は満洲を南北に縦断する大動脈であるが、満洲の富を吸収して輸出し、なおかつ外国商品を大連から満洲内部に行き渡らせるためには、枝線の敷設が不可欠と見たのである。この培養線論は、一九一三年に成立する満蒙五鉄道契約によって実現する。そして、この契約の目玉こそ、「満洲」特殊権益を「満蒙」特殊権益に拡大するための第一歩となる、満洲―内モンゴル鉄道であった。辻村の積極的満洲経営論は、またもや時代を先取るものだったのである。

東部内モンゴルへの進出

モンゴルに注目するならば、この地域のことを詳細に知るために、当然のことながら調査事業が必要となる。日露戦争以前の日本人のモンゴル認識は、「元寇」以来のそれと大差ないものであった。考古学者・鳥居竜蔵が妻子をともなってモンゴル探検を敢行し、それが世間の耳目を引くのは日露戦後間もなくのことである。日露戦争直後の時点で、日本において実地調査にもとづく詳細なモンゴル地誌はまだ作成されていなかった。そこで、辻村は満洲および内モンゴルの調査を提案する。その結果、年額三万円、六ヶ年継続で約二〇万円の予算が承認され、辻村の指揮のもとで一九〇六年から満蒙の物資調査がはじまるのである。

このとき、調査を実行したのが陸軍将校と特別任務者であるが、そのなかに大陸浪人も含まれていた。その一人に片谷伝造という人物がいる。片谷は東京専門学校の出身で、北京で順天時報の記者となった後、日露戦争で陸軍通訳をつとめ、このとき辻村と知り合った。関東都督府による調査事業は、満洲から極東ロシア、内モンゴル東部、さらに興安嶺を越えてウランバートル付近までという広大な地域を対象とし、調査項目も地理・交通・産業など全般にわたるものであった。当時これらの地域には交通手段が整備されておらず、また治安も決して安定していなかったから、困難と危険のなかで行なわれたのである。それゆえ、危険を顧みない大陸浪人の存在には意味があった。

こうした関東都督府の調査活動の積み重ねにより、一九〇八年には二万頁におよぶ「東部蒙古誌草稿」が完成するにいたった。辻村はその緒言において、モンゴル調査事業を実行したのは、「人道上蒙昧の民を拓くは我邦の天職」であるから、と述べている。とはいえ、もちろん日本にとってのメリットが度外視されていたわけではない。同書によれば、日本人がモンゴルで力を入れるべき産業分野は鉱工業であるという。現地では主として牧畜をモンゴル人が、商業を漢民族が担っているが、鉱工業ならば日本人が入り込む余地があると見た。なかでも鉱山業、皮革業、製絨業などが有望な事業と目された。なお、一九一一年にはやはり辻村の提案が発端となる「満洲一般誌草稿」が完成している。こちらも一万頁におよぶ大著であった。満蒙における調査事業というと一般に満鉄が想起されるが、実は関東都督府でもかなり広範な調査を実施しており、統計データなども綿密に作成されていたのである。

そして、その後の継続調査を加えて、一九一四年に編纂された「東部蒙古誌補修草稿」は、翌一九一五年に関東都督府陸軍部編『東蒙古』として一般向けに出版された。一九一五年といえば、日本が二十一ヶ条要求を中国に突きつけ、その結果、「南満洲及び東部内蒙古に関する条約」(南満東蒙条約)が結ばれた年である。そもそも東部内モンゴルという地域区分は歴史的には存在しないし、モンゴル自体、日本と特別な関係を持たない地域のはずであった。しかし、この条約の結果、日本人は東部内モンゴルにおいて農業合弁権を得ることになり、日本の特殊権益は「満洲」から「満蒙」に拡大されたのである。『東蒙古』は、まさにタイムリーなモンゴル入門書となった。

なお、辻村の配下であった片谷は、この調査事業がきっかけとなって、パリン王チャガルとの間に特別な関係を築き、その政治顧問に就く。そして、一九〇九年、片谷とパリン王は合弁事業契約を調印するにいたった。この計画は、事業資金一〇万元、土地開拓、酒造、鉱山採掘、牧畜、紙幣発行などを事業内容とする日蒙合弁会社を設立するものであったが、注意すべきは、パリン王が土地や家畜を提供し、いくつかの鉱山の採掘権までも同社に付与するなど、同王の領地内において広範な権利を認める契約内容を含んでいることである。

辻村は一九〇八年に近衛師団経理部長として帰国していたものの、片谷の事業を公的にバックアップすべく、陸軍からの資金援助、事業への助言など、裏面で積極的に関与していた。

結局、この計画は紆余曲折を経て、一九一一年、外務省、陸軍の支援のもと、満鉄に働きかけ、一万五〇〇〇円の資金援助を受けて実現した。対中二十一ヶ条要求以前において、内モンゴルにおける日本人の事業として、きちんとした根拠を有するものはほとんどなきに等しかった。例外的に国家的支援のもとで成立したのが、この片谷の日蒙合弁事業だったのである。その後、同事業は最終的に、一九二一年に設立される東亜勧業株式会社という会社に吸収される。東亜勧業は満鉄、東洋拓殖株式会社（通称東拓、朝鮮の国策農事会社）などが出資する、満蒙の土地開発を使命とした国策会社であるが、モンゴル事業の重要部分の一つがこの片谷事業を継承したものであった。つまり、辻村の播いた種は、日本の満蒙進出の重要な骨格の一部をなすことになるのである。

このように、辻村は満洲（満蒙）経営の積極方針を先取りし、推し進めた人物であった。

在満期間は四年ほどにすぎないが、その功績には計り知れないものがあったといえよう。それゆえ、一九一三年に主計総監となってからも、植民地関連会社への就任が取り沙汰された。満鉄総裁の候補になったのは主計総監時代であったが、このときには第一次山本権兵衛内閣の与党である政友会が、鉄道官僚の野村龍太郎を総裁としたために実現しなかった。

辻村は一九一四年に予備役に編入されるが、一九一六年にも朝鮮総督府から東拓総裁就任の打診があった。しかし、辻村は、自身の事業に専念することを理由に断っている。彼が経営していたのは、日本セルロイドが大戦中に着手していた火薬製造事業であるが、これは民間会社における火薬事業の嚆矢となるものであった。

時は第一次世界大戦下であり、よく知られる通り、この大戦では、物資、動員などのあらゆる面で国家を挙げて戦争の効率化を目指し、長期持久戦を遂行するという、「総力戦」の概念が生まれる。辻村の事業は、そうした総力戦体制を作っていく上で、重要な意味を持つものであったといえる。そして、彼の満蒙政策論が資源問題を重視していたのは、まさにこうした事態に対応するためのものであった。資源問題こそ、日本が総力戦体制を構築していくうえで、最重要の課題だったからである。

辻村によれば、日本は「経済的国防」を重視しなければならない。では、それはいかにして成し遂げられるのかというと、日露中が相携えて満蒙を「世界の衣食大供給源地たらしめ」、日本がその「管鑰を掌握」するのだという。東アジアの「経済網」を深化することができれば、戦争の原因自体を除去できるというのである（辻村「戦後の経済的国防計画」『金星』五―七、一九一七年七月）。また、辻村は言う。「経済戦に重要なる地歩を定め然も天下の好互市場として看過し能わざるは国土広く人民多き隣国支那なり」、「之を如何にせば可なりや朝夕思を亜細亜大陸に馳せて安ずる能はざるは既に予の病患になれり」（『神戸新聞』一九一五年八月一九日）。

満蒙を日本発展の重要地点として位置付ける「生命線論」の先駆者は、辻村であったといえるのかもしれない。

＊

日露戦争直後から満蒙という地域概念を提唱してモンゴル進出への先鞭をつけ、資源問題への強い関心を示した辻村であったが、官界を退いた後の彼は、ほとんど中国大陸との関係を持たず、さらに大戦後は実業界との関わりもあまり積極的なものではなくなっていったようである。満洲に関わるエピソードとしては、軍人会館の建設問題が挙げられるくらいであろうか。昭和初期、在郷軍人会の理事長であった辻村は、東京九段に軍人会館を建設しようと計画したが、資金が足りなかった。そこで満鉄に一〇〇万円の寄付を依頼したのである。満鉄では反対論が強かったが、今の満鉄が日露戦争の結果、つまり陸軍将兵の犠牲の上にあることを訴え、なかば無理やりに山本条太郎社長の承諾を得た。これが後の九段会館である(二〇一一年の震災で閉館)。

では、一九二〇年代以降の彼は何をしていたのか。やや意外であるが、辻村は、精神の重要性を訴えて思想・宗教方面で活発に活動していた。もちろん、それは軍事関係者としての使命を忘れてしまったということではない。むしろ、その活動は彼にとって、総力戦体制構築のために最も必要なものであった。辻村によれば、総力戦時代において、重要なのは日本人自身の道徳性を高めることであるという。辻村の説く「不戦の国防」(沢本孟虎編『国家総動員の意義』)によれば、日本が精神性において他国に優る事こそが、侵略を防圧する手段だというのである。ここだけを見れば、辻村の言説にはやや奇異の感を免れない。しかし、その後の一九三〇年代の日本を想起すれば、確かに道徳の重要性が喚起され、過度な精神論が横行するのである。さらには、辻村は宗教団体「生長の家」の初代理事長にも就いている。これは昭和初期において、強烈な国家主義のもと、国民教化に取り組んだことで知られる団体である。どうも、辻村はまたもや時代の最先端にいたらしい。

ところが、やがて日本がアジア侵略の道を歩み、その結果敗戦を迎えても、辻村はそれをとくに重く受け止めた様子ではなかった。敗戦後知人に宛てた書簡によると、むしろ再出発のチャンスであると考えていたようである。しかし、一九五二年、日本が独立を果した年に、辻村は九一歳の天寿を全うしてこの世を去った。辻村は戦後の日本の歩みをどのように展望していたのだろうか。

参考文献

辻村楠造『財政と軍備』友文社、一九一三年
関東都督府陸軍部編『東蒙古』宮本武林堂、一九一五年
関東庁編『関東庁施政二十年史』一九二六年
沢本孟虎編『国家総動員の意義』青山書院、一九二六年
関東局編『関東局施政三十年史』一九三六年
対支功労者伝記編纂会編『対支回顧録』続、下巻、大日本教化図書、一九四一年
米野豊実編『満洲草分物語』満洲日日新聞社、一九三七年
関東州長官官房庶務課編『関東州施政三十年回顧座談会』一九三七年
小此木壮介『だいれん物語』吐風書房、一九四四年
柴田隆一・中村賢治『陸軍経理部』芙蓉書房、一九八一年
塚瀬進『マンチュリア史研究』吉川弘文館、二〇一四年
伊藤信哉・萩原稔編『近代日本の対外認識Ⅰ』彩流社、二〇一五年

第二章　満鉄と満洲日本人社会——相生由太郎《あいおいよしたろう》

前章では、満蒙経営の主役、関東都督府にまつわる人物に注目した。ならば、もう一方の主役である南満洲鉄道株式会社（満鉄）についても、これに関わった人物を取り上げねばなるまい。

一九〇七年四月、日露戦後経営の活況に沸く大連港に一人の男が降り立った。相生由太郎である。相生は一八六七年、福岡に生まれた。家庭が貧しかったために、小学校を出てすぐ働くことを余儀なくされた。あらためて学校に入ったのは人よりずいぶん遅れてのことであり、中学修猷館を優秀な成績で卒業して東京高等商業学校（現在の一橋大学）に入学したとき、すでに二四歳であった。卒業後は日本郵船、学校教員などを経て三井鉱山に入社、一九〇四年に三井物産門司支店に転じた。この三井物産入りは、当時、門司支店の支店長であった犬塚信太郎の抜擢によるものである。犬塚は東京高商の先輩で三井物産の上司ではあるものの、年齢は相生の七つ年下であり、両者は互いに認め合う関係であった。その犬塚は、満鉄の創立とともに理事に就任していた。相生の渡満は、またしても犬塚の依頼によるものであった。

相生由太郎（篠崎嘉郎『満洲と相生由太郎』福昌公司互敬会、1932年）

犬塚が民間会社出身ながら国策会社・満鉄の経営に参画したことは興味深い。満鉄の初代総裁に就任する後藤新平は、経営陣に功成り名を遂げたロートルではなく、三〇、四〇代の若手の実力派を抜擢したのである。時代が降ると、満鉄理事は官僚の天下りポスト的な傾向が否めないが、当初はかなり意欲的な人選であった。副総裁の中村是公は帝大卒でありながら豪傑肌で知られた人物で、後の総裁時代(第二代)には「べらんめえ総裁」とあだ名された。他に鉄道技師の国沢新兵衛、内務官僚で元栃木県知事の久保田政周、台湾で調査事業の経験がある京都帝大教授の岡松参太郎なども理事として参加している。理事にはそれぞれ鉄道や行政、調査などの専門分野があったが、満洲の商品を世界に売り出すためには商社としての能力も必要である。そこで三井から引き抜かれたのが犬塚信太郎であった。

その犬塚が相生を呼び寄せた理由は、喧騒のなかにある大連港の埠頭業務の刷新にあった。もともと、鉄道運営という点で満鉄の前身にあたるのが日露戦争時の野戦鉄道提理部である。これは戦中の東清鉄道接収によって鉄道輸送を担当していた部署であった。ところが、埠頭業務、なかでも港湾荷役は直営ではなく、請負制をとっていた。その請負業者のなかには、今でいうところの暴力団的な組織も参入していた。かつての「沖仲仕」――港湾労働者といえば、命知らずの荒くれ者が多く集まる仕事である。ましてや、当時の大連には戦時中からの戦争気分がまだみなぎっていた。そして、それぞれの勢力は構内に縄張りを作って割拠・占有していたから、積荷の紛失もしばしばで、業務の遅滞すら引き起こすような混乱状態が続いていた。今後、満洲の玄関口となるべき大連がこのままでよいはずがない。これを整然と統一された体制に移行することは急務であった。それが相生に託された使命だったのである。満洲経営体制の確立は、こうした一人ひとりの活躍があってはじめて成し遂げられるものであった。

満洲経営方針と実態

日本の満洲経営体制はいかにして確立していくのか。これを知るために、まずはその経営方針について簡単に説明しておこう。日本政府では、日露戦争の英雄・児玉源太郎陸軍大将を委員長として満洲経営調査委員会を設置し、各省の次官・局長級が参加して戦後経営方針について協議した。その結果、同委員会では、大連を満洲経営の拠点とし(大連中心主義)、満鉄がその経営全般を担当することが決定する。大連には自由港制度(貨物が租借地内にとどまる限り関税を免除する)が布かれ、税制上の優遇措置が図られた。関東州全域を自由港とすることには密輸取り締まりの観点から清国が反対し、イギリスなどもこれを懸念していたが、日本は自由港エリアの限定には応じなかった。さらに、海港発着特定運賃制度——奉天–営口、奉天–大連、奉天–安東の大豆などの輸送運賃を同一にする制度。事実上、最も距離のある大連への優遇策であった——や低利荷為替などの特恵制度が設けられ、大連への経済集中策が採られた。

また、満鉄は私企業の鉄道会社として設立されたが、実際には港湾、電気、鉱山、旅館、調査事業など、その機能は多岐にわたり、また、鉄道付属地の行政も管轄したから、事実上の植民地経営機関としての役割を期待されていた。児玉がイギリスの東インド会社を意識していたことはよく知られるエピソードである。ゆえに満鉄は資本金二億円(政府が半額出資)、児玉の肝煎りで、台湾経営の手腕を買われた後藤新平が総裁に就任するなど、国策会社として大々的に発足するのである。

もっとも、植民地経営機関といっても、関東都督府などの他機関との間には複雑な権限問題を抱えていて、当初は後藤も総裁就任を躊躇していたほどであった。満鉄の監督官庁は関東都督府であるが、ほかにも外務省、逓信省、大蔵省などの掣肘を受けたのである。

また、資本金二億円といっても、戦争でボロボロになった南満洲鉄道に一億円の評価額を設定して政府出資とし、残りは経済状況に鑑みて特例でもって全額の出資を募らなかった。したがって、開業時の株式払込額は二〇〇〇万円のみというお粗末さで、イギリスで外債を発行して資金を募らなければならなかったのである(もっとも、実際には国内の株式応募数は一〇〇〇倍以上という大人気であった)。ちなみに、一九〇七年四月に営業を始めたとき、終点であるはずの長春駅はまだ存在していなかった。なぜかというと、日本とロシアは境界に当る寛城子駅をどちらのものにするかで揉め、結局、日本がロシアに寛城子駅を有償で譲り、新たに土地の買収から着手せざるをえなかったからである。長春駅の完成は同年一一月のことであった。このように、立派なのは経営方針のみで、中身を伴わないままに発足したというのが実情であった。

問題はほかにも山積していた。それは実際の業務においてはなおさらであった。会議室で決まったことがそのまま簡単に実行されるならば、誰も苦労はするまい。満鉄を経営主体と位置付け、あらゆる業務を集中・統轄させるにしても、実際にそれを実行するのは人間である。たとえば先ほどの港湾

大連埠頭（浜井松之助編『満洲写真帖』大阪屋書店、1913年）

について見れば、戦後まだ鼻息の荒い仲仕組を向こうに廻し、既得権益を引き剥がすことは書類上の処理のように簡単ではない。結局は個人の才覚と努力に行き着くのである。相生は、学生時代にボート部で鍛え、さらには玄洋社の一員でもあったから、頭でっかちの青二才には到底任せられないこの仕事にうってつけであった。そして、門司在勤時には、石炭人夫の賃上げスト問題を解決したこともあった。彼には荒くれた男たちを前にして一歩も引かない胆力が備わっていたのである。犬塚は、相生のそうした個性と経験を買ったのであった。

相生が後藤総裁に示した解決案は、労働者を満鉄の直接雇用にして、業務を満鉄のもとで直営化するというものであった。後藤は当初この案に冷ややかであったという。それは、当時、日本内地でも港湾荷役は請負が一般的であったし、既得権益を奪われることになる請負業者から強い反発が起こるのが明白だったからであろう。実際に相生の命をつけ狙う者まであったらしく、あわや刃傷沙汰という事態にまでなった。しかし、相生はそれも覚悟のうえで、一歩も退かなかった。かくして、相生の直営案は強行実施され、労働者の直接雇用はもちろん、荷役道具もすべて買い上げ、業者にも解約金を支払ってようやく業務の一本化に成功するのである。

これがきっかけとなって、相生は大連埠頭事務所長に就任して荷役業務の管理にあたることになった。当時の満鉄は鉄道広軌化のために絶え間なく資材が運び込まれ、繁忙を極めていたが、相生によって統一・円滑化された大連埠頭は、なんとか遅滞なくその役割を果たすのである。突貫工事で進められた広軌化事業は、一九〇八年五月に完成する。当初三年はかかると言われたこの事業は、鉄道業務を停止する事もなく、わずか一年で終わった。日本の満洲経営への意気込みを表すエピソードである。

大連埠頭事務所(大西守一『大連名勝写真帖』東京堂、1924年)

なお、こうして整備されていった大連港は、満洲の大呑吐港として発展し、間もなく中国有数の通商港となる。当初ライバル港であった営口をはるかに凌駕するのである。一九〇八年時点で大連の貿易額は約三〇〇〇万海関両、営口は約四〇〇〇万海関両であったが、一〇年後を見ると、営口がほぼ横ばい推移しているのに対し、大連が約二億海関両とおよそ七倍に増加しており、その成長の著しさには目を見張るものがあるといえよう。

ところが、相生は一九〇九年一〇月、満鉄を去ってしまう。その理由は、もともと労働問題に興味があり、政界進出の機会を窺っていたことと、満鉄内での人間関係にあったらしい。しかし、日本人、清国人が入り混じる埠頭業務は、親分肌で信頼のあつい相生の力なしには統制が難しく、結局、満鉄は相生に業務委託することを決める。相生は福昌公司という会社を設立して、荷役一切を引き受けることになった。

福昌公司は、一万人近くの清国人労働者を抱えていたが、彼らはいわゆる「苦力」と呼ばれる人びとで、一般に劣悪な環境で奴隷的に働かされることが多かった。しかし、右に述べたように、もともと労働問題に関心のあった相生は、彼らの待遇改善が必要と考えた。

そこで、収入の安定を図るために閑散期に別業務を斡旋したり、あるいは生活状況を考慮して寮を用意したりした。この寮は暖房があり、食事の補助や衛生の管理、療養所の併設など、近代的な設備を整えていた。なお、福昌公司では清国人労働者を苦力と呼ばず、「華工」と称したが、これも相生の考えを示すものである。相生は日中友好の必要性をよく理解していた。福昌公司はこの後、第一次大戦期の好景気の波に乗って事業を広げ、奉天、青島、東京、神戸などに支店を置くまでになる。業務も倉庫業や保険の代理店、貿易事業、さらには農園経営など多岐にわたり、多角経営に成功した。

かくして国策会社・満鉄の荷役業務を一手に引き受けた相生は、大連の日本人社会においても名士としての地位を築いていく。やがて彼は大連市議会議員をつとめ、さらに大連商業会議所の会頭として在満日本人経済界を代表する人物となるのである。

満洲政策と三線連絡問題

ところで、相生が長年にわたって会頭をつとめることになる大連商業会議所は、単なる商工業者の地域団体に止まらず、日本の満洲経営の中心都市・大連における日本人社会の基幹をなすものでもあった。そのはじまりが一九〇六年に結成された大連実業会であり、金融、税制、流通など、様々な課題について地域の利害を当局に訴えた。同会は一九一五年には大連商業会議所となり、一九二八年に大連商工会議所となる。なお、相生が会頭に就任したのは一九一六年のことで、そこから一九二五年に退任するまで九年間、大連実業界の代表として活躍するのである。

こうして地域のまとまりが生まれてくるなか、その脅威となる出来事も起こる。それが、一九一三年以来、数年にわたって大連経済界を震撼させた三線連絡問題である。三線連絡問題とは、院線(鉄道院)、朝鮮鉄道、満鉄の三線を通過する貨物に対して特恵的な運賃割引を適用するという、三線連絡特定運賃制度計画に対し、満鉄と大連経済界が大反発した事件である。日本内地から朝鮮を経由して満洲との通商ルートを結ぶ場合、満鉄線の大動脈は安奉線となり、大連はそのルートから外れる。これでは大連中心主義に反し、これまでの満洲経営方針に大きな変更を来すことになるし、何より地域利益の点から絶対に認められないものであった。在満日本人経済に大きな変動を引き起こす可能性があったのである。

では、なぜこのような問題が起こったのかというと、一九一〇年に日韓併合があり、これにともなって一九一三年に、中東鉄道(東清鉄道)貨物の関税三分の一減税規定が、日中間の最恵国待遇により満韓国境貿易にも適用されたことによる。中東鉄道による露中間の貿易には、鉄道敷設の際の取極めにより、関税を三分の一減税する措置がとられていた。

日本はこの規定を満韓貿易に適用するよう中国に要求し、交渉の結果、認めさせたのであった。

かくして新たな日本—大陸間の交通ルートが活用されれば、朝鮮への経済的なテコ入れになる。三線連絡を主張したのは鉄道院と朝鮮総督府鉄道局であったが、当時、朝鮮鉄道は、運賃収入のみではほとんど利益が出ておらず、諸経費を含めると、総督府から補助金を得なければ経営困難な状態であった。この窮状を打開するために、朝鮮鉄道を大陸への大動脈へと再編しようとしたのである。そこに暗躍していたのが、後に寺内内閣で対中借款を一手に引き受ける西原亀三であった。朝鮮で貿易商を営んでいた西原は、綿製品の朝鮮経由・満洲向け輸出を画策し、朝鮮鉄道への利益誘導を図ったという。このように、満洲を朝鮮の延長として位置付け、一元的な大陸経営を遂行しようとする構想を「鮮満一体化」政策という。

加えて、ここに政治的な背景も存在していたことが、問題を一層複雑化した。このときの政府は第一次山本権兵衛内閣であるが、その与党である政友会は、満鉄に勢力を伸ばそうと、満鉄幹部の入れ替えを実施し、創業以来の幹部の多くが退任する事態となった。いわゆる政友会の満鉄乗っ取り事件である。新総裁に鉄道院副総裁であった野村龍太郎、副総裁には政友会の伊藤大八が就任した。これにより経営方法にも変更が加えられ、理事による合議制が部局制に改められるなどしたため、古参理事の犬塚が強く反発して伊藤と衝突した。このような新体制のなかで提起されたのが三線連絡問題であったから、満洲側には根強い不信感があったのである。他にも陸運と海運の対立など、利害関係は多岐にわたった。日露戦争以来の経営方針を見直すことは、そこに多くの利害対立の波及効果をもたらしたのである。

この新運賃制度は、品目を限定したうえで一九一四年五月より実施された。これに対して、満鉄では奉天―営口線、奉天―大連線にも割引を実施して対抗せざるを得なかったために、運賃収入が減少した。また、大連経由の貨物にはたしかに影響が見られ、特に重要商品である綿布は四割減という状況であった。

このような地域経済の危機を前に、大連現地でも満鉄に任せてただ黙っているわけにはいかず、大連実業会も立ち上がることとなる。一九一四年以降、代表団を派遣して陳情活動を行なったが、とくに二年間の試験期間を終える一九一六年四月は、大連側にとって正念場となった。一方の朝鮮鉄道側も三線連絡の効果を最大化すべく、割引対象を全品目とすることを要求した。それに対し鉄道院は安奉線の運賃を距離比例制にする仲裁案を提出した。この距離比例制とは、奉天―大連線の運賃率を安奉線に適用するもので、大連中心主義の柱であった海港発着特定運賃制度の形骸化を意味する。事実上の三線連絡支持であった。

かくして、この年、大連商業会議所の会頭に就任した相生が、真っ先に取り組んだのが三線連絡問題であった。相生は一九一六年八月に上京して鉄道院ほか政府関係者、実業家、政党などを訪問して、大連中心主義の必要を訴えた。いわく、海運は陸運よりも低廉で有利であること、朝鮮には大連に替わる呑吐港がないこと、収支の面でも満鉄が逸する利益に対して、朝鮮鉄道の利益が余りに少ないこと、である。

この相生らによる活動は功を奏し、この間、山本内閣に替って成立していた第二次大隈重信内閣では、関係官庁を招集して再協議することを決定する。その意味するところは鉄道院の方針への疑義であったから、大連では市民大会を開いて、再び東京へ向かう相生らを万歳とともに期待を込めて見送った。しかし、東京にたどりついた相生を待ち受けていたのは、大隈内閣の総辞職と寺内正毅内閣の成立であった。寺内といえば、朝鮮総督としてこの問題で満洲側と対立していた張本人である。初代満鉄総裁の後藤新平が内相として台閣に列するとはいえ、寺内内閣が朝鮮の利害を優先することは明白であった。

大連側の期待は大きく外れ、三線連絡特定運賃制度は継続されることになった。相生は白仁武関東都督府民政長官、中村雄次郎満鉄総裁(大隈内閣成立とともに野村龍太郎に替わって就任)に反対を訴えたが、ついにその意見は通らなかった。相生は白仁、中村の態度を「腰砕け」と見て憤懣やる方なく、責任をとって大連商業会議所の会頭を辞任する旨の電報を発している。もっとも、大連現地の関係者も相生を責めることはせず慰留した。

では、その後この問題はどうなったのかというと、第一次世界大戦後のワシントン会議において陸路通商の特恵待遇が議題となったことで、この三線連絡制度にも大きな変更が生じることになる。日本は周辺国からの「機会均等」主義にもとづく批判をおそれ、自主的に安奉線の運賃割引を撤回したのである。また、満鉄では安東発着の海港運賃を低減することと引き換えに、三線連絡特定運賃制度の廃止を求め、一九二二年一〇月、鉄道省(一九二〇年に鉄道院から昇格)はこれを承認した。この間、三線経由の貨物量は決して大きく伸びず、結局のところ、満鉄に運賃収入の減少を強いただけであったとされる。なお、この制度の発端である満韓国境貿易の関税三分の一減税規定は、一九三〇年の日中関税協定により、中国の関税自主権が回復するとともに廃止される。

大連日本人社会と日本の満蒙政策

ここまでこの三線連絡問題の経緯を見てきて気付くことは、大連現地における国家方針への過敏さである。日本本国の満洲経営方針が、大連の発展、そして、そこに住む人びとの生活に直結しているという意識が、広く共有されているのである。そして、こうした日本本国への依存性にこそ、大連日本人社会の特徴を見出すことができる。大連経済界を代表する人物である相生が、満鉄の下請け会社の経営者であることは、それを象徴しているともいえよう。

実は、そうした傾向は経済界のみに止まらないようである。大連日本人社会には、商業会議所のほかにもう一つ系統があった。それが町内会組織である。もともと大連の地域組織としては屎尿処理を行なう衛生組合が存在した。組合費はその性質上、ほぼ強制徴収となるため、一種の利権ともいうべきものであった。それを当初管理していたのが石本鏆太郎である。さらに、住民の自治組織として各地に町内会が作られていたが、これを統轄すべく、一九一〇年に連合町内会が成立する。その会長に就いたのも石本であった。ではこの石本とはどんな人物かというと、そもそも日露戦争時に陸軍通訳として従軍した経歴があり、それがきっかけとなって関東都督府の下請け的な地位を得たのである。さらに、石本は関東都督府に委託されたアヘン専売で財産を築いた人物でもあった。その利益は毎年数十万円から百数十万円にのぼったという。石本は炭鉱から学校まで多方面に経営の手を伸ばすなど、大連有数の資産家となった。なお、関東都督府のアヘン専売制は、台湾総督府の例にならうものであり、いわば漸禁論から実施したものであったが、事実上、関東都督府にとって欠かせない財源となっていた。かくして一九一五年に市制が施行されると、石本は初代市長に就任するのである。なお、大連実業会系統と町内会系統はどうもライバル関係であったらしく、何かといさかいが絶えなかったという。

このように、大連の日本人社会はいずれにせよ経営機関への依存的な性格を色濃く持っていた。それは新興都市ゆえに運命づけられたものであったともいえる。というのは、戦争の結果突如として多くの日本人が住むようになったこの地域には、日本人による自立的、自生的な経済基盤が未発達だったからである。このことは、関東州租借地の財政状況からもうかがえる。一九〇七年度の歳出は四〇〇万円であるが、その八割以上を本国からの補給金でまかなっていた。しかも残りの収入も多くが官営収入だったのである。歳出に対する補給金の割合が五割を切るのは第一次世界大戦期を待たねばならないが、満洲国建国後でもなお二割程度を占めるのである。

こうした経済的な不安定さ、そこに住む日本人の資本の脆弱さが、経営機関、ひいては本国の経営方針への依存性を強めた要因であったといえる。そして、この問題点が顕在化・重大化するのが一九二〇年代のことであった。一九二〇年代といえば、日本が大戦景気の反動不況から長期にわたる経済低迷に陥った時期である。大戦期の好況を背景に進められた満蒙開発は打って変わって停滞し、満洲現地にも不景気の波が押し寄せていた。なかでも深刻だったのが金融問題である。この頃、満洲商業会議所連合会では、幾度かにわたって満洲専門の拓殖金融機関設立を日本本国に要望している。というのは、満洲における拓殖金融機関は、大戦期の鮮満一体化政策の下、主として朝鮮銀行と東洋拓殖株式会社(東拓)がこれを担っていたからである。いずれも朝鮮を本拠地とする会社であり、業績悪化による経営消極化の影響は、とくに満蒙において大きかった。しかしながら、日本政府内ではこうした問題を認識しつつも、満洲側の要望は実現しなかった。なぜならば、大蔵省はこの頃、朝鮮銀行と東拓の再建に力を注いでいたからである。

とはいえ、仮に日本本国のテコ入れが弱くとも大連、あるいは満洲の日本人経済が、現地中国において自立的に発展していれば問題はなかったはずである。しかし、一九二〇年代の中国は反帝国主義を掲げる排外ナショナリズムが吹き荒れ、日貨排斥が叫ばれた時代であった。多くの場合、日本人の中国における経済活動は、租界や租借地、鉄道付属地などの狭い範囲から抜け出せないでいた。日本人が中国で経済発展を志せば、中国側との提携が必要になる。その具体的な方法は合弁事業ということになるであろう。しかし、常に日中親善論を唱えてきた相生も、この頃には日中合弁事業の現実性に悲観的になっていた。

なぜかというと、中国側が完全な対等関係を要求するがゆえに、事業として見合わないものになりがちだからである。合弁事業といっても実際のところ出資者は日本側のみで、中国側は場を提供するだけであるが、対等な経営体制を採らねばならないために、人件費などの経営コストがどうしても割高になってしまう。相生によれば、「満洲に於ける日支合弁事業の成立に就いての条件は、日本側においては、利益の保証といふ点であり、支那側に於いては、権利の平等といふ点である」。しかしそれを両立させようとすれば、「即ち満洲に於て、日支合弁事業の成立が不可能であるといふことに帰着」するのである(相生「産業開発上の難関」『新天地』五—一二、一九二五年一二月)。

さらに在満日本人の生活を脅かしたのが、絶え間ない内戦である。満洲の権力者である張作霖は、中央の政治闘争に積極的に関わり、野心を逞しくしていた。一九二四年の第二次奉直戦争——奉天派

（張作霖）と直隷派（曹錕、呉佩孚）による内戦――では、張作霖が辛くも直隷派に勝利したものの、翌一九二五年末には、張作霖配下の郭松齢が叛旗を翻し、あわや戦乱が満洲内部にまで及ぼうとした。しかし、こうした中国国内の情勢に対し、当時の日本外交は、内政不干渉を堅持して極力介入を避けようとしていた。

こうして在満日本人の置かれた状況は、日本本国との結び付きも、中国との融和も望めないものとなっていた。この間、大連では中国側商業の発達が著しく、これが日本側を圧迫する事態も起きていた。かくして生活基盤を大きく揺さぶられた彼らは、自身の苦境を満蒙権益の危機に転嫁し、日本本国に救済を求めるようになるのである。

＊

相生は一九二六年一月、脳溢血で倒れた。前年末の郭松齢事件により、現地の日本人には権益擁護を日本本国に訴える声が強まっていた。日本人社会の代表である相生には、心労が絶えなかったであろう。倒れたその日も、市民大会が開かれる予定であり、相生も出席するはずであった。結局、その後も相生の体調は回復することなく一九三〇年一月に亡くなる。この間に張作霖爆殺事件があり、東三省政権を受け継いだ張学良は排日政策をますます強めていた。しかも国際協調を重視する当時の日本外交は、何ら有効な手立てをとれなかったから、在満日本人の不満は募る一方であった。相生は自身が半生をかけて築いてきた満蒙権益の行く末を案じながらこの世を去るのである。

しかし、こうした現地の声はやがて満蒙問題という形で日本国内の注目を集めるようになる。日本では国内経済の行き詰まりから、中国大陸への関心が高まりつつあったが、中国国内の政治的混乱、さらには吹き荒れる排日運動は、日本の輿論を硬化させ、関東軍の暴走を促すのである。満洲事変が起こったとき、在満日本人は関東軍を救世主として歓迎し、満洲国の建国に奔走するのであった。

参考文献

伊藤武一郎『満洲十年史』満洲十年史刊行会、一九一六年
南満洲鉄道株式会社編『南満洲鉄道株式会社十年史』一九一九年
南満洲鉄道株式会社編『南満洲鉄道株式会社第二次十年史』一九二八年
竹内坦道『八面観 大連の二十年』木魚庵、一九二四年
篠崎嘉郎『満洲と相生由太郎』福昌公司互敬会、一九三二年
大連市編『大連市史』大連市、一九三六年
菊池寛『満鉄外史』時代社、一九四一年
柳沢遊『日本人の植民地経験』青木書店、一九九九年

第三章　外交官の見た日露戦後の極東アジア——川上俊彦《かわかみとしつね》

日露戦争後の東アジア、とりわけ満洲をめぐる国際環境とは、いかなるものであったのか。教科書的な答えを述べるならば、日本はイギリス、アメリカ、フランス、ロシアといった列強から朝鮮半島の勢力範囲化について同意を得、さらにロシアとの間では、満洲を南北に分けて「棲み分け」ることで合意する。とくにロシアとの関係についていえば、数次にわたる日露協約によって、かつてない蜜月時代を迎えることになる。かくして、一九世紀のウェスタン・インパクト——西洋諸国による衝撃、つまりアヘン戦争や黒船の来航を指す——以来の東アジアにおける流動的情勢は解消され、帝国主義的な国際秩序が形成される、ということになろうか。

川上俊彦（西原民平編『川上俊彦君を憶ふ』西原民平、1936年）

しかし、こうした国際環境の形成も、同時代的な視点からすれば、いくつかの可能性が混在するなかで結果的に行き着いたものの一つに過ぎないのかもしれない。たとえば、日露戦後の時点で、日本にとってロシアが潜在的な脅威であることは誰もが認めるところであり、「棲み分け」ではなく、対抗関係となる可能性も十分存在していた。その一方で、シベリア鉄道敷設以来のロシアの極東開発が、今後どのように展開し、さらにはそれが東アジアにいかなる影響を及ぼすかについては、予測しがたいものがあった。とすれば、日本の対応もまた、幾通りかの可能性を留保しなければならない。そうした混沌とした状況、混在する可能性に気付かせてくれるのが、極東地域を専門にする外交官・川上俊彦の存在である。川上は一八六一年、新潟に生まれた。幼少から俊才で知られ、長じては温厚な紳士、さらに外交官らしい社交性で多くの人に慕われた。ちなみに、天ぷらが好きで、自ら客に振る舞ったので「川天」なる渾名をつけられ、自身もそれを喜んでいたという。なお、川上については、国立国会図書館の憲政資料室に関係文書が所蔵されている。

彼の生まれた新潟といえば、日本海の向こうに沿海州、アムール州といった極東ロシアを臨む土地柄である。その極東ロシアは、彼が生まれるちょうどその頃、一八五八年の愛琿条約と一八六〇年の北京条約によってロシアに割譲された土地であった。彼がロシア語を専攻し、この地域を専門とする外交官になったのは、こうした生まれつきの地理的、時代的条件によるものであろうか。東京外国語学校(現在の東京外国語大学)を卒業した後、一八八六年に釜山領事館の書記生となり、彼の外交官としてのキャリアがはじまる。

極東ロシア専門の外交官

まずは外交官としての川上の特異性を知るために、外交官制度から見た彼の位置付けについて説明しておきたい。彼が採用された書記生は判任官と呼ばれるもので、いわゆるキャリア官僚とは異なる。

戦後の外務省でいうところの外務専門職、つまりノンキャリ外交官なのである。戦前の官僚制度において、キャリア官僚といえば高等官を指し、試験任用制度が採用された後は、高等文官試験に合格した者がこれに任用された（外務省では外交官及び領事官試験——いわゆる外交官試験がこれに相当する）。高等官は奏任官、勅任官、さらにその上に親任官といった具合に階層になっており、時期によって異なるものの、官僚制度が完全に整えられた一九一〇年の職官表によると、高等官九等から三等までが奏任官、同二等と一等が勅任官である。たとえば、高等官三等であれば本省の課長クラスであり、外務省の在外公館でいえば一等書記官、あるいは総領事がこれに当る。勅任官は本省の局長から次官、在外公館では公使がこれに当るが、事実上、官僚制度の頂点となる。その上にある親任官とは大臣クラス、外交官では大使がこれに相当するが、自由任用なので官僚出身でなくともよい。

親任、勅任、奏任は天皇との関係性を示しており、名称を見て察せられるように、上に行くほど雇用関係において天皇との距離が近い。そうしたなかで、判任官は奏任官の下に位置するが高等官ではなく、一応天皇の任命大権に基づくものの、天皇との直接の雇用関係を有せず、各省の権限に基づくものである。官吏というと普通は公務員全般を指すが、もともと官と吏は異なる概念である。その区別は、王朝時代の中国の官僚制度にさかのぼるが、官僚とは皇帝に直属する、つまり皇帝の手足であり、胥吏とは現地採用で実務にあたる者を指す。後者は市町村などの公吏が相当するが、判任官もむしろこれに近く、高等官との間にはかなり大きな差があったのである。なお、高等官と判任官では、同じ職場でもトイレや食堂すら分けられていたことはよく語られるエピソードである。

もっとも、川上が外務省に採用された時点では、まだ外交官試験制度が採用されていないから、キャリアの入り口において明確な差別があったわけではない。外交官試験がはじまるのは一八九三年のことである。しかし、川上とほぼ同時期に高等官として入省した、小村寿太郎（一八八四年）、加藤高明（一八八七年）といった人びとに比べれば、川上のキャリアはあまりにも地味である。釜山、ウラジオストク、サンフランシスコ、サンクトペテルブルグの各地で書記生をつとめ、高等官として通訳官に任ぜられるのが入省から一〇年たった一八九六年であった。さらにウラジオストク貿易事務官に就いたのは一九〇〇年のことである。ちなみに、小村寿太郎が外相に就くのが一九〇一年、桂太郎内閣のときであり、加藤高明はその前年、第四次伊藤博文内閣の外相に就任していた。参考までに模範的なエリート外交官のキャリアパスの例を示すと、第二回の外交官試験（一八九四年）合格組である幣原喜重郎は、一九〇五年に課長となり、一九一五年に外務次官、一九一九年には大使に昇任し、一九二四年に護憲三派内閣の外相に就く。もっとも、川上の出世を遅いと見るのは誤りである。というのは、判任官から高等官になることは決して簡単ではないからである。むしろ、それを成し遂げたこと自体、彼の優秀さを表わしていると見るべきなのである。

このようなノンキャリ外交官には、一つの特徴がある。それはある専門性に特化した能力があることである。一般的に書記生はエリート外交官のように任地を転々とし、あるいは本省に勤務するということがあまりない。一定の任地に留まる期間が長いから専門性が非常に高いのである。たとえば、船津辰一郎という外交官は、書記生から総領事を経て大使館参事官（勅任官）にまでのぼりつめた人物であるが、長い中国勤務により現地に太いパイプを持ち、日中戦争時には和平工作に携わったことで知られる。川上はもともとロシア語が専門であったことから、ロシア畑を歩んだ。とくにウラジオストクに長くあり、この間に彼は自らの足で極東ロシアを歩き回って調査活動を行なった。こうした経験から、外務省随一の極東ロシア通の外交官として知られるようになる。

川上がウラジオストク貿易事務官に赴任した一九〇〇年は、東アジアにおける激動の幕開けの年であった。まず、義和団事件の勃発により、いよいよ清朝の没落が明確になった。次に、それに乗じたロシアの満洲占領が、東アジアに政治的緊張をもたらした。ロシアは自身の勢力範囲をより確固としたものにしようと企んだのである。さらに、そうしたロシアの態度に対し、アメリカは第二次門戸開放通牒を発して清国の領土保全を訴え、イギリスとドイツは揚子江協定を結んで中国における現状維持を確認した。この門戸開放と勢力範囲という二つの潮流が複雑に絡み合うなかで起こるのが日露戦争である。

日本の対露警戒感は、一八九一年のシベリア鉄道着工以来、抜きがたいものがあったといえる。この年、シベリア鉄道着工式に赴く途中のロシア皇太子が日本で襲撃されるという大津事件が起こるが、ロシアの復仇を恐れた日本国内では対露警戒感が強まり、恐露病に襲われ大恐慌を来すのである。明治天皇自らがロシア軍艦まで謝罪に赴き、さらには京都府庁前で自刃する女性すら現われたほどであった。その半年ほど前、山縣有朋首相が第一議会において「主権線と利益線」について演説したことはよく知られている。利益線とは朝鮮半島を指し、日本の安全保障のためにはこの地域の安定確保が不可欠であるという意味であるが、ロシアの存在はまさにそうした懸念の対象であった。

もっとも、ロシアのシベリア鉄道敷設については、政治的緊張からのみ考察されていたわけではない。学者であり、外交官もつとめた稲垣満次郎は、一八九一年に『西比利亜鉄道論』を著し、この大

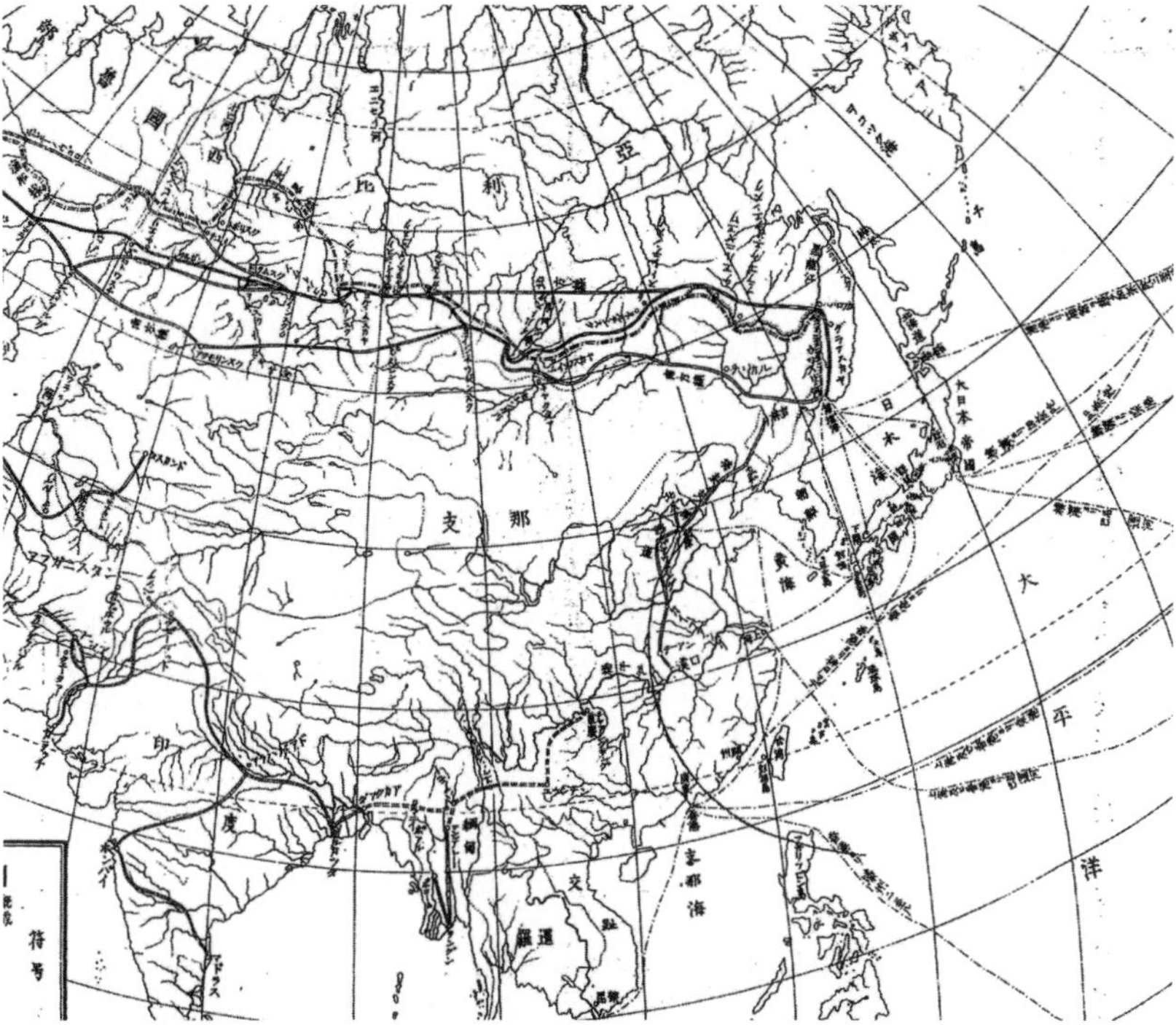

シベリア鉄道予定図（部分）（稲垣満次郎『西比利亜鉄道論』哲学書院、1891 年）
稲垣は世界交通路の画期としてシベリア鉄道を評価した。

計画が世界交通の一大転機となり得ることを指摘している。もともと独特の文明論を持し、太平洋の時代を予測する稲垣は、日本は太平洋航路と新たに作られる大陸通路との要衝に当り、優位な地理関係にあると主張する。ロシアのシベリア鉄道建設を東アジアの経済的な画期ととらえる見方も存在していたのである。ともかく、時代が大きな変化を告げつつあったことは間違いない。

日本と極東ロシア

川上がウラジオストクからハバロフスクを経てイルクーツクにいたる東シベリア一帯と、さらには北満までを含む極東地域の調査旅行に出たのは一九〇二年のことであった。この頃、ロシアが満洲を制圧して保護地域化を強行しており、今後の動向について周辺国は注意深く見守っていた。すでに、シベリア鉄道はバイカル湖区間を除いて一九〇一年に開通し、さらに一八九八年に敷設権を獲得した南部支線（南満洲鉄道）の建設も着々と進んでいた。川上の使命は、そうした状況を視察し、鉄道経営の将来性や経済的影響を見極めることにあった。もちろん、調査事項には、鉄道守備状況なども含まれており、当時の軍事的緊張を踏まえたものであった。ちなみにこの調査は、プロローグで見た石光真清の諜報活動と時期的に一致する。当然のことながら、川上の調査活動も決して安全なものではなかったはずである。

こうして川上が成し遂げた調査の結果は、稲垣が述べるような楽観的な経済画期論とはやや異なるものであった。その調査報告書によれば、シベリア鉄道の建設は確かに東アジアに多大な影響を及ぼすことが予測されるものの、海運に対する陸運の運賃上の不利から、決して単純な経済刺激とはなり得ず、世界の通商秩序を刷新するものとまではいえなかった。輸送の面では、一部の高価な貨物のみが有利であるにすぎないというのである。ただし、人の移動には大きな変化が起こることが予想された。つまり、シベリア鉄道の敷設は、ヨーロッパとアジアを結ぶ通商ルートとしてよりも、むしろシベリア地域への人口の流入を促し、この極東ロシア自体を発展させる可能性があるというのである。ちなみに、この川上の調査報告は、政治的、軍事的な部分を除いて、一九〇四年に『西伯利亜及満洲』として出版されている。

しかしながら、ロシアの極東政策の経済的な影響を見定める前に、まず現実の問題となったのが、その軍事的な影響であったといえよう。やがて日露間における満韓問題をめぐる交渉が決裂し、日露戦争が勃発するのである。川上が予測した極東地域の発展の成否は、戦後まで持ち越されることになる。なお、この戦争のクライマックスの一つが旅順要塞攻略であることはよく知られる通りであるが、その結果開かれる乃木希典とステッセルによる水師営の会見で、通訳をつとめたのが川上であった。

日露戦争は日本の勝利に終わった。日露戦争の結果、日本はロシアの満洲権益を継承し、中国大陸に足場を築く。これは単に中国と地続きの関係になったというだけでなく、鉄道を介してロシアとも直接的に結ばれたことを意味する。とすればロシアとの通商関係もあらためて見直さなければならない。そこで始まるのが、戦争の勃発にともなって破棄されていた日露通商航海条約の改定準備である。日露戦後、日露間の関係調整のために結ばれた日露協約についてはよく知られているが、実は、これと時を同じくして通商関係の再編も進められていたのである。

この通商条約の改定作業において、条約案を作成したのが安達峰一郎と川上であった。安達はポーツマス会議の随員として講和条約の起案に携わっているし、後には国際司法裁判所長をつとめるほどの国際法の専門家だから当然のこととして、川上がこれに参与していることは興味深い。川上が選ばれた理由はおそらく、日本が満洲権益を得たことで、極東ロシアと鉄道によって接続したために、現地の状況に通じている人間が必要となったからであろう。陸路通商は海路通商とは国際法上やや異なる部分があり、また、極東ロシアの現地状況は、日露戦争以前には政治的、経済的に不明な部分も多かった。そこで露清国境地域をよく知る川上の存在が必要となったのである。

一方の川上から見れば、これは自身の調査活動で得た知見を日本の政策に反映させるチャンスであった。そこで、起草された条約案の中で注目すべきが、関東州租借地と極東ロシアとの陸路通商を相互に無関税にする、という条文である。これは要するに、近年でいうところのＦＴＡ(自由貿易協定)である。条約案の実物史料を見ると、この案について、関東州の産業発展と南満洲鉄道の利益という点で「特に重要なるもの」(外務省記録「日露通商航海条約締結一件」)と付箋が付けられている。そして、この案は最終的に採用された。

つまり、日露戦後の日本は、満洲経営上、極東ロシアとの関係を見据えて、その経済的意義を高く評価していたのである。川上の持論によれば、極東ロシアは今後の発展が見込まれるのであり、日本は満洲経営の要素の一つとして、この地域との経済交流を重視していたことになる。

しかしながら、日本のこの提案は、ロシアの同意するところとはならなかった。当時、露清間の国境貿易は特例として無関税であったから、日本の提案は決して実情に沿わないものではない。しかし、ロシアは露清国境貿易の特殊性を主張して、日本の平等待遇を認めなかった。その結果、一九〇七年に成立する日露通商航海条約には、日本が目指した満洲国境貿易の相互無関税構想が採用されなかったのである。

なぜロシアが日本の提案を受け入れなかったかというと、そこにはロシア国内における極東政策の転換が大きく影響していた。ロシア国内では、極東方面への南下政策が挫かれたことで、それまでの極東ロシアへの優遇を見直そうとする動きが起こりつつあったのである。簡単に言えば、ロシアの極東経営は防衛的性格を強めつつあった。東清鉄道が清国内にあることは、一面ではその防衛の難しさを意味し、日本、あるいは清国への警戒感が募ってゆく。それゆえに、東清鉄道に依存しない経営体

ハルビン日本総領事館

制を確立すべく、ロシア国内を経由してハバロフスクからアムール河を迂回する路線――アムール鉄道の敷設が決まるのである。かつて満洲進出を積極的に図ったロシアであったが、戦後はかえって黄禍論的な不安に駆られていた。また、ロシア国内では極東ロシアをヨーロッパ・ロシアの新たな販路として位置付け、東アジア方面からのヒトやモノの流入を抑えようとする動きが起こっていた。これらが影響して、一九〇九年にはウラジオストクの自由港制度が廃止され、露清国境地帯の免税措置も見直されることになる。極東ロシアと満洲との間には関税障壁が作られようとしていたのである。日本の提案は、こうしたロシアの意図に反するものであった。

川上の見た日露戦後

極東ロシアと日本を結び付けるという川上の念願は、ロシアの極東政策の転換によって失敗した。

しかし、この頃、川上には新たな目標が生まれていた。それは北満への経済進出である。川上は日露戦後、北満の主要都市であるハルビンに総領事として赴任していた。なお、余談ながら、伊藤博文がハルビンでテロに遭遇したとき、彼はその側にあって負傷することになる。

さて、ハルビンに赴任した川上は、またしても自らの足でこの地域を調査した。それは、松花江周辺からさらにはシベリア、極東ロシア、外モンゴルにまで及ぶものであった。川上の目標は、日露戦後の北満の状況を把握すること、次にその北満と極東ロシアとの関係について考察すること、さらにこの二点から日本のとるべき方策を示すことにあった。なお、この調査報告書もまた『北満洲之産業』(一九〇八年)として公刊され、また外務省の調査資料『極東露領と北満洲』(一九一〇年)としてまとめられている。

調査の結果、川上は日露戦争を前後して北満洲に大きな経済変動が起こっていたことに気付いた。川上によれば、この地域の農業は、日露戦争を前後して大きく発展したのだという。ロシア軍の兵糧の八割が満洲での現地調達であったにも関わらず、現地では特に食糧不足は起こらなかった。それどころか、むしろ大きな需要に喚起されて、それまであまりなかった小麦の生産が勃興したというのである。中国の公式的な歴史理解によれば、中国東北(満洲)は日露戦争という帝国主義戦争の被害者であり、現地では日露の掠奪に遭遇し、甚大な被害を受けたとされる。なかでも指摘されるのが農産物の収奪である。もちろん、そうした被害の側面自体は否定できないものの、当時現地を見ていた外交官の目には、やや異なる姿が映っていたようだ。

一般に中国では、南方で米を、北方で小麦を食する。しかし、満洲では高粱や粟といった雑穀が主食であり、小麦は生産、消費ともに決して多くはなかった。ところが、川上によると、ロシア軍は満洲を占領すると、貧弱なシベリア鉄道の輸送では所要量を賄えなかったために、金銭を惜しまず現地調達を図った。北満では大きな需要に喚起されて、小麦の生産量が急増したというのである。農民が収奪されるために自家用にもならない穀物を年々増産するとは常識的に考えにくい。特に移民が多い地域であるから、本当に収奪がひどければ躊躇なく逃げ出したはずである。しかし、実際にはロシア占領期に満洲で人口流出が起こった形跡はない。むしろ、ロシアの鉄道建設は多くの中国人労働者を満洲に呼び込んだのである。農業生産も同様である。もちろん、統計が不十分な当時のことだから、正確な数値はわからない。しかし、川上の推計によると、たとえば小麦については生産量が年五六万トン、そのうち現地の消費量を除いた剰余額は三五万トンにのぼり、これはロシア軍と極東ロシアの需要を賄って十分なほどであるという。とすれば、やはりロシア軍の存在は、満洲農業にとって被害の側面のみでは語りきれない影響を与えるものだったといえそうである。

もっとも、そのロシア軍も一九〇七年に完全撤退することになった。となれば現地の消費量を上回る余剰分をいかに処分するかが問題となる。当時、清国は条約上、穀物の輸出を認めていなかった。これを防穀令という。そこで川上は防穀令の解禁交渉を日本本国に具申する。その小麦を日本に振り向ければ、日本の需要に応じることができるというのである。この川上の提案は採用され、日清間の交渉の結果、清国政府は満洲のみを特例として雑穀の輸出を認めることとした。清国はかつて日露戦争の善後処理交渉で日本から満洲の防穀令解禁を要求されたとき、頑なに拒否していた。一転してこれを認めたのは内部事情による部分が大きいようだ。当時、東三省総督(満洲を統轄する長官)であった徐世昌の記すところによれば、その理由は生産量が現地消費量を大きく上回っており、食糧政策上、問題がないことにあった。川上の観察が的確であったことを裏付ける事実といえるだろう。

このように、日露戦争を前後して北満農業は勃興した。そのことは、川上にとって単なる経済的好機を意味しなかった。ここで彼が目をつけたのは、当時、極東ロシアの経済が、本国のヨーロッパ・ロシアよりも満洲に依存していた事実である。川上の推算によれば、極東ロシアの消費穀物の四分の一は北満洲からの輸入であった。いわば、極東ロシアと北満農業とは密接不可分の関係にあった。それゆえに、先述のようにロシア本国では極東ロシアの市場化を主張し、満洲との間に障壁を設けようとしたのである。しかし、川上の見たところ、極東ロシアの北満への依存はそう簡単に解消し得るものではなかった。

そこで川上は、一九一一年二月、本国外務省に意見書を出し、次のように主張する。北満経済の中心地はハルビンであり、とくに小麦などは製粉場が多くある同地に集中する。ということは、ハルビンの市場を日本が掌握すれば、極東ロシアの経済をも左右することができるようになる。それは当時根強く存在していた日露再戦論からすれば、戦略上、かなり有意義な施策であった。日本が北満洲に経済的実力を扶植することができれば、常にロシアの極東における死命を制する、というのである。そのために必要なのが、ハルビン‐長春間の鉄道買収と金融機関のハルビンへの進出、主要地域への領事館の増設であった。

つまりは北進論である。川上は北満と極東ロシアを一体的にとらえ、日本の進出を画策しようとしていたのである。

しかしながら、川上の北進論は採用されなかった。なぜならば、この時期の日本は、アメリカの満洲進出に対抗するため、ロシアとの共同歩調を最重要視していたからである。

一九〇九年末にアメリカが提起した満洲鉄道中立化案――列国による満洲鉄道の共同管理案に対し、

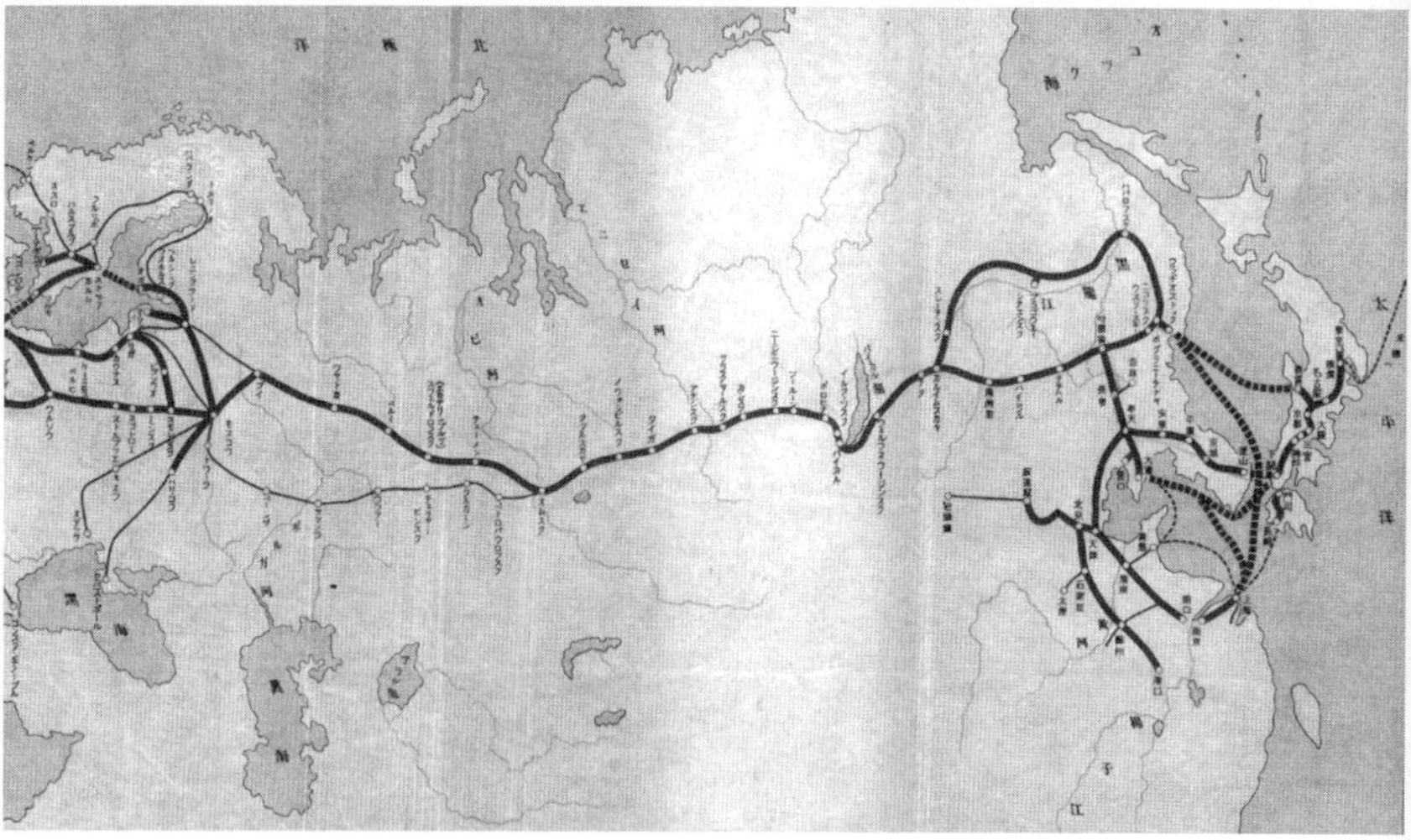

シベリア経由欧亜交通路略図（『西伯利経由欧州旅行案内』1929 年）

日露は共に反対の意向を示し、これがきっかけとなって一九一〇年七月に第二次日露協約が結ばれるにいたった。日露両国は相互にこの地域における特殊地位を確認し合ったのである。かくして、日露協約体制は日英同盟とともに日本外交の基軸となり、これにともなって北進の可能性は小さくなっていた。

ならば、川上の主張は時宜に適さない、全く荒唐無稽なものだったのであろうか。おそらくそうではあるまい。日露戦後の日本の方向性には、常に北進の可能性が潜在的であれ存在していたからである。一九一三年一二月、川上は満鉄の理事に転じる。これは外務省の満鉄理事ポストの嚆矢であるが、満鉄が中国にあり、またロシアと接続している以上、両国との渉外事務が欠かせなかったことによる。実は、一九一〇年に満鉄と東清鉄道の間に連絡運輸がはじまり、さらに、川上が満鉄理事に就任する直前にはヨーロッパとアジアの間で連絡運輸も実現していた。新橋でパリ行きの切符が買える時代の到来である。

そうしたなかで、ロシアとの経済関係にも当然注目が集まるようになる。川上はまさにうってつけの人材だったのである。

このように、日本にとって北進の可能性は完全に排除できるものではなかった。しかし、第一次世界大戦が起こると状況はまた変化せざるを得ない。当初こそロシアからの注文が殺到して経済関係は親密さを増したが、一九一七年にロシア革命が起こると、それまで築いてきた日露関係は崩壊する。提携関係のなくなったロシアは、かつての警戒の対象としての存在に戻っていく。さらに共産主義の存在は、日本の国体と全く相容れないものであったために、その関係はより悪化した。

ではこの頃の川上は何をしていたのかというと、一九一七年の六月から一〇月にかけて、シベリアからモスクワまで調査旅行に出ていた。そのとき川上は、ソビエトによるロシアの統一と対独単独講和を予言したという。さらに第一次世界大戦後、川上は、ポーランドの初代公使に抜擢される。大戦後、ヨーロッパに新たな国際政治が出現することを考えれば、これは非常に重要なポストといえる。やはり川上は、外務省において余人をもって代えがたい人材であった。川上の目に映る国際環境がまるで的外れであったならば、そのような待遇は得られまい。

＊

常に独自の視点から日本の方向性を見据えていた川上であったが、その北方への視線が、やがて政治的に活かされるときがくる。日ソ国交交渉は、当初、日本外務省があまり積極的でなかったために進展しなかった。しかし、この交渉は一九二三年の後藤新平・ヨッフェ会談を契機に、経済権益が糸口となって進捗する。極東ロシアの経済権益といえば、川上こそ最も長く注目してきた第一人者である。川上は後藤の交渉を受け継いで、それを再び外務省ベースに戻す重要な役割を果たした。かくして、一九二五年には日ソ基本条約が締結される。そして、これを機に川上は北樺太鉱業株式会社社長、日魯漁業株式会社社長に就任する。前者は三菱や大倉組といった財閥が出資する石炭採掘会社であり、後者は露領漁業関係企業が合同して成立した会社で、漁業、缶詰製造、生魚の冷凍事業などを手掛けていた。川上は極東ロシア利権を代表する地位に就いたのである。

しかしながら、かつて川上が想定した極東地域・シベリアの将来像は、その後実現していない。結局のところ、日本の満洲経営上もさほど重要な意味を持たなかった。また、日本とこの地域との結びつきも、ロシア革命期のシベリア出兵を例外として、強まることはなかった。しかし、それは川上の見通しが間違っていたというよりも、日露協約体制の形成と崩壊、さらにソ連の成立、といった政治的要因によるところが大きい。川上が亡くなるのは一九三五年であるが、その頃の日本は「非常時」が盛んに叫ばれ、そこで想定する敵国こそソ連であった。川上の理想を実現するような状況は到底訪れそうもなかった。

それは戦後もまた同様である。東西冷戦がはじまり、またもや極東地域は日本にとって近くて遠い存在となった。しかし、近年その状況も変りつつある。現在、ロシアは極東地域の開発に積極的であるし、日本の資本や技術にも期待するところが大きいようだ。最近のヨーロッパやアメリカとの微妙な政治関係も、日ロを接近させる要因になり得るだろう。

日ロ間には領土問題があるとはいえ、平和条約にこぎ着ければ、この地域の開発が一気に進む可能性がある。そのときこそ、川上の見た極東地域の将来像が、百数十年のときを経て実現するのかもしれない。

参考文献

稲垣満次郎『西比利亜鉄道論』哲学書院、一八九一年
川上俊彦『西伯利亜及満洲』民友社、一九〇四年
外務省編『北満洲之産業』金港堂、一九〇八年
川上俊彦『極東露領と北満洲』外務省通商局、一九一〇年
徐世昌編『東三省政略』一九一一年
南満洲鉄道株式会社庶務部調査課編『支那防穀令』一九二三年
西原民平編『川上俊彦君を憶ふ』西原民平、一九三六年
山室信一『日露戦争の世紀』岩波書店、二〇〇五年

第四章　中国の動乱と満蒙政策——宇都宮太郎《うつのみやたろう》

日露戦後にはじまる日本の満洲政策にとって、重要な画期となったのが一九一一年の辛亥革命であった。このとき日本は、日露戦争の戦後処理としてではなく、今後この地域といかなる関係を作っていくのか、という本来的な問題に直面することになる。一方、日本の満洲政策を考える上で、無視することのできない存在が陸軍であることは誰もが認めるところであろう。では、陸軍はこの辛亥革命に際して、どのような態度をとったのだろうか。

それを知る手がかりが、当時の陸軍のなかでも最も積極的な大陸政策を唱えた人物、宇都宮太郎である。

宇都宮太郎（宇都宮太郎関係資料研究会編『陸軍大将宇都宮太郎日記』岩波書店、2007年）

かつて、陸軍将校の養成機関である陸軍幼年学校、陸軍士官学校に一風変わった生徒の一団があった。彼らは佐賀を中心とした九州出身者の集まりで、他の生徒とは交わらず、下宿先などに集まってはしきりに天下国家を論ずるという、国士的な性格を色濃くもっていた。その名を佐賀左肩党という。左肩党とは、左肩をいからせて歩くバンカラな姿から付けられたあだ名である。

その左肩党の領袖が宇都宮太郎である。宇都宮は一八六一年に佐賀藩士亀川新八の長子として生まれたが、父は維新のなかで失脚したらしく、亀川家は断絶、彼は宇都宮家に養子に出された。姉弟とも離れ離れになり、一家離散の憂き目に遭った。そうした境遇からであろうか、彼は国士的なコワモテに似合わず、家族に愛情を注ぎ、離散した姉弟の面倒を見続け、また、多くの子供をもうけた。なお、長男・宇都宮徳馬は戦後、衆議院議員を長くつとめ、自民党左派として活躍した人物である。その宇都宮徳馬が保存していた宇都宮太郎の史料は、近年整理され、すでに日記が公刊されている。

さて、一八八二年、陸軍士官学校を首席で卒業(旧七期)した宇都宮は、少尉に任官する。しかし、そこで彼を待っていたのは長州閥が跋扈する陸軍であった。宇都宮をはじめとする左肩党は、強い反長州思想で共通していた。彼らにとって、一藩閥が陸軍を支配するということは、天皇の軍隊としての本義に反する。宇都宮は強烈な尊皇思想を持っていたが、その天皇崇拝と長州批判とは表裏をなしていたといってよい。また、彼らは非主流派であるからこそ、日本の中枢に瀰漫する欧化思想に反発し、アジア主義に共鳴した。宇都宮の周辺には、根津一や荒尾精など陸軍から離れて中国問題に携わる人びとが幾人かいた。

宇都宮もまたアジアに強い関心を持ち、アジア対西洋という図式から国家戦略を考えた。かくして彼は、大陸政策上の重要課題、つまりは満蒙問題に深く関与していくのである。

陸軍非主流派の大陸政策

一八九〇年に陸大を優等で卒業(六期)した宇都宮は、翌年、参謀本部付となった。以後、彼は長く参謀本部でキャリアを積むことになる。一九〇一年にはイギリス公使館付武官となり、インテリジェンスの側面から日露戦争において重要な役割を果たした。かの有名な明石工作を背後で支えたのが宇都宮であった。日露戦争が終り、一九〇五年一一月に帰国した宇都宮は、歩兵第一連隊長などを経て、一九〇八年一二月、参謀本部に復帰する。

宇都宮が就任した参謀本部第二部長は、情報を主管しており、その中国担当には、やがて「支那通」と呼ばれるようになる中国プロパーが集まることになる。彼らは、大陸問題に強い関心を持ち、現状打破的な対外政策を志向する傾向があった。

ところで、宇都宮の渡英前と帰国後では、参謀本部の様子にかなりの変化が生じていた。そもそも、参謀本部には、薩派のエース川上操六を中心として陸大卒の非長州の俊英が集っていたが、一八九九年に川上は亡くなり、その後継者と目されていた田村怡与造も、日露戦争を目前に控えて急死していた。日露戦争後、参謀総長に福岡出身の奥保鞏、参謀次長に長野出身の福島安正という体制が整うものの、長州閥のボスである山縣有朋の信頼あつく、長期にわたり陸相をつとめる寺内正毅の前に、参謀本部は劣勢を余儀なくされるようになっていた。戦時の猛将である奥も、平時にあっては寺内に抗する実力はなかったのである。

こうした長州閥の勢力拡大に対し、反長州派の反発はより強まっていく。そこで、反長州派が期待を寄せたのが、政治色の薄い奥や福島ではなく、薩摩出身で実力も折り紙つきの上原勇作であった。

かくして上原のもとには反長州派が結集するようになり、やがて上原派と呼ばれる派閥が形成されるのである。宇都宮は上原のブレーン的な存在であった。

この頃の宇都宮に対する人物評は、「戦略戦術に造詣すといふよりも寧ろ政治家に近く、又た最も政治に趣味を有し」、「親分肌を有すると共に又た一種の策士」というものであった（鵜崎鷺城『陸軍の五大閥』）。国士にして策士、一言で評すればこのようになろうか。

さて、参謀本部第二部長となった宇都宮のもとには、世界各地の情報が集中することになったから、国際関係への関心も自然と強まっていく。彼がもともと抱持するアジア主義的な世界観は、積極的大陸政策へと具体化するのである。この頃、南洋方面への進出計画や、内モンゴルでの事業計画への支援依頼など、裏面工作を企てる者が宇都宮のもとを度々訪れ、宇都宮もこれに積極的に関与した。右の内モンゴル事業とは第一章で述べた片谷伝造のそれであり、宇都宮は支援要請に応じて裏面で画策し、外務省、満鉄などに働きかけていた。

そうしたなかで、宇都宮にとって大陸政策上の大きな契機となったのが、一九一一年一〇月にはじまる辛亥革命である。湖北省武昌における革命派による軍隊の武装蜂起に端を発し、またたく間に南方の各省が独立を宣言する事態となり、二百年以上続いた清朝は脆くも瓦解した。日露戦後、列国間の合意形成によって安定したかに見えた東アジアの政治情勢は、ここに大きく動揺するのである。

この事件に対する宇都宮の対応は機敏であった。一五日には自身の意見を「対支那私見」としてまとめ、関係者に見せている。その内容によれば、西洋諸国の世界分割は最終段階まで進行しており、日本が自存自衛を全うするためには、中国の保全が絶対的な条件となる。そこで、中国をいくつかに分裂させて日本のコントロール下に置き、西洋諸国の蚕食を抑止する、というのである。少なくとも、清朝が満洲人の国家であること、それに対して漢民族が独立を目指すという革命の構図から、南北で満漢二つの国家への分裂が可能であるというのが宇都宮の見立てであった。これがいわゆる「支那分割論」である。

ところで、こうした中国への謀略・干渉策は、アジアの提携を説くアジア主義の立場と矛盾するように思える。しかし、宇都宮にとってあくまでも基本的な枠組となるのは西洋対アジアの図式であり、また、これは日本のアジア主義者全般に共通するが、日本優位あるいは日本本位の日中提携論は当然のことと考えられていたから、宇都宮自身にもさほど違和感はなかったのであろう。

この「支那分割論」を実現するためには、南北双方による抗争・対立が前提となる。そこで宇都宮は、内務省にはたらきかけて民間人——孫文を支援するアジア主義者たち——による革命派援助を後押しした。また、中国各地に将校を派遣して、情報の収集と中国情勢のコントロールを画策した。こうして裏面での干渉が始まったが、その性格上、何かと資金が必要となる。そこで宇都宮が資金援助を依頼したのが、三菱財閥の岩崎久弥であった。それまで面識がなかったにも関わらず、「捨て金」として一〇万円の出資を直談判するのである。ここで面白いのが、岩崎が承諾する旨を即答したことである。陸軍大将の俸給が年六〇〇〇円程度の時代だから、宇都宮も随分と大きく出たわけだが、それに二つ返事で応じた岩崎はさすがであった。

「謀略」の可能性

辛亥革命という中国の動乱を何らかの政治的機会と見たのは、もちろん宇都宮だけではない。革命勃発の二週間後には日本政府も対応方針を閣議決定しているが、その内容は、関東州租借地と南満洲鉄道経営の期限延長――租借地は一九二三年に返還、南満洲鉄道は一九三九年に中国の買い戻しが可能になる契約であった――といった満洲問題の解決、そして、中国本土への進出を目指すものであった。とくに前者は好機を待つことにしてひと先ず措き、後者を優先の課題とした。革命による混乱を権益拡張の好機と見なしたわけであるが、そのためには、日本がこの動乱収束にあたって主導的な役割を果たす必要があった。

しかし、革命は日本政府にとって有利に進展しなかった。袁世凱の登場により戦闘は膠着し、一一月の末にはイギリスを調停役とした停戦協議がはじまる。そこで焦点になったのが革命収束後の政治体制をめぐる問題であった。清朝が立憲君主制を求めるのに対して、革命派は共和制を主張した。日本は立憲君主制による決着を目指して周旋しようとしたが、イギリスの協力を得ることができずに失敗する。イギリスは中立の態度をとったものの、事実上、共和制を黙認したのである。日本はこの停戦協議において蚊帳の外に置かれ、一二月には静観の方針を決めた。完全な外交的失策であった。そして、一九一二年一月には、孫文を臨時大総統とする中華民国臨時政府が成立する。北京に清朝政府が、南京に中華民国政府が並立したが、清朝の劣勢は挽回しようのないものであり、中国は中華民国による統一へと向かっていく。

当時の日本の政権は、政友会による第二次西園寺公望内閣である。西園寺内閣が辛亥革命への対応に失敗したことで、中国本土への進出どころか満洲権益の危機すら懸念される状況となった。革命収拾にコミットできなかった日本にとって、在中権益の帰趨は予測し難いものがあった。事実、革命派が北伐軍を結成して遼東半島に上陸し、現地勢力との間に武力衝突すら起こっていた。そして、この頃から満洲権益の維持・確立、言うなれば「満洲保全」が政治課題としてクローズアップしはじめる。

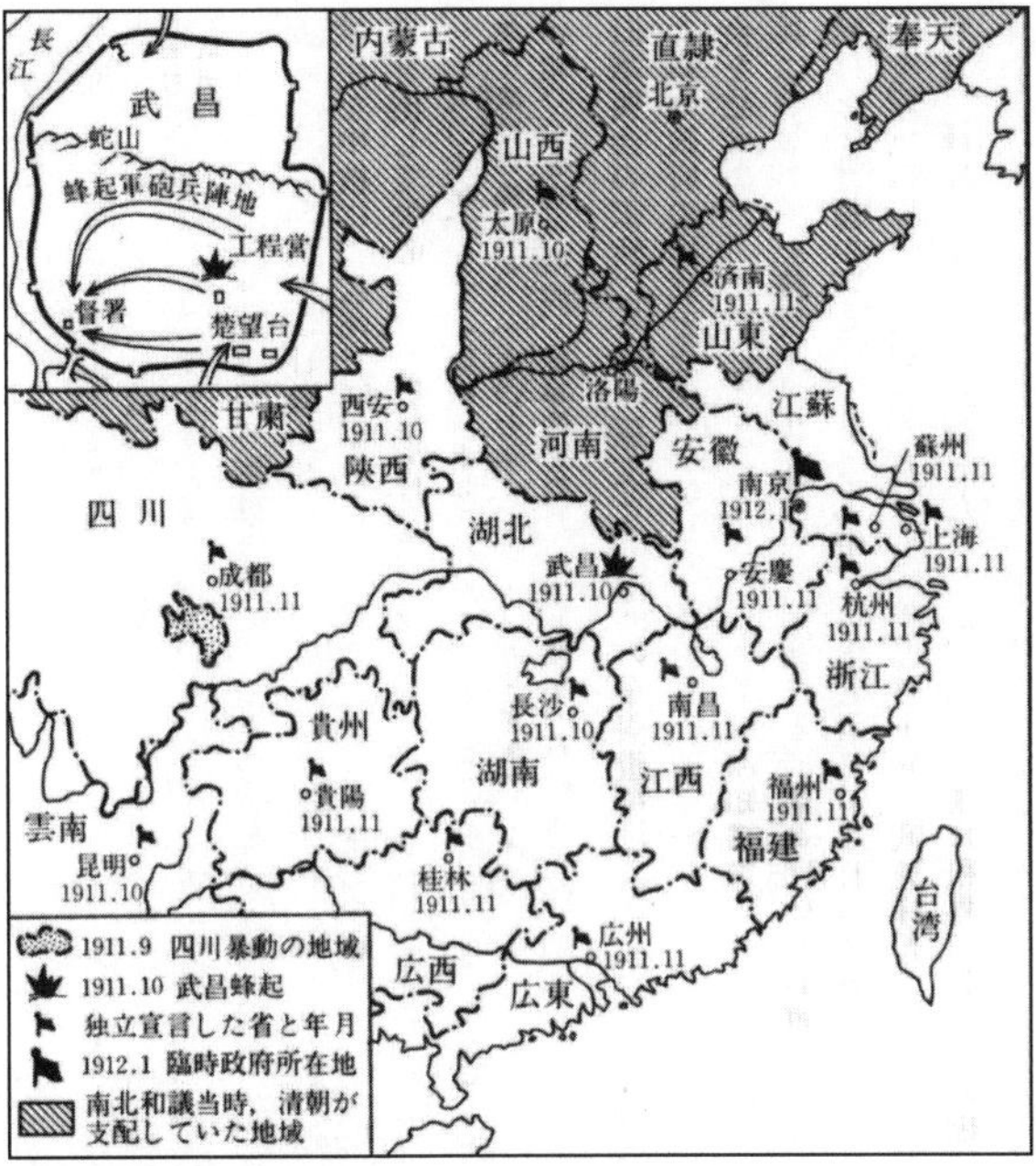

辛亥革命時の中国情勢（小島晋治・丸山松幸『中国近現代史』岩波書店、1986年）

たとえば、山縣有朋は満洲の秩序維持を目的とした出兵論を政府に献策しており、また、陸軍でも何らかの口実をもうけて武力介入しようとする動きが現われた。しかし、西園寺内閣がこうした動きを容れずに実現しなかったため、陸軍の不満は募ってゆく。普段から積極的な大陸政策を志向する陸軍の非主流派であれば、それはなおさらのことである。

宇都宮もまた政府の対応に不満を感じていたが、中国が南北に分裂状態にある以上、まだ「支那分割論」をあきらめる必要はなかった。宇都宮が懸念していたのは、当時進展していた袁世凱による清朝皇帝の退位工作であり、それによる中国の統一であった。そこで宇都宮が考えたのが、まず、南方の南京政府を承認して支援の姿勢を示し、一方で北方では清朝の崩壊を抑止して日本の保護国とする、という方針である。

清朝皇帝の退位は、袁世凱による周旋が成功し、紫禁城の居住や財産の保護といった条件付でほぼ規定路線となっていたが、清朝皇族、貴族のなかには根強い反対論者もあった。

それが、八大王家の筆頭である粛親王善耆、内モンゴルの有力王侯であるカラチン王グンサンノルブらを中心とする宗社党である。宇都宮は彼らに資金、武器などを供与し、清朝の満洲、モンゴルへの移転を支援しようとした。これが「第一次満蒙独立運動」と呼ばれる謀略工作である。現地では川島浪速をはじめとする大陸浪人がこれを推進し、派遣将校も加わって計画が練られた。ところが、現地の日本外交官がこの計画を察知し、また、アメリカからも警告があったことで中止に追い込まれる。結局、粛親王はハシゴを外された形となって旅順に亡命せざるを得ず、川島らも撤退することになった。結局、計画倒れに終わったのであるが、その手法は後の満洲事変の先駆けともいうべきもので、歴史的な意義は大きいといえる。

満蒙問題のはじまり

清朝皇帝を無事退位に追い込んで中華民国による中国統一を果たした袁世凱は、孫文から大総統の座を禅譲され、ついに権力の頂点に立った。イギリスをはじめとする列国は、中国の安定化を望み、袁世凱にストロング・マンとしての期待を寄せた。当時、西洋諸国には、中国が歴史発展において停滞しており、そのため共和制への移行は事実上難しいとの見方が存在した。つまり、強い権力者による統治が政治的安定のためには必要であり、袁世凱にその役割を期待したのである。英仏独米からなる四国借款団は、袁世凱への経済支援を始め、やがてここに日露が参加して六国借款団が結成される。この六国借款団に対し、袁世凱は改革借款(善後借款ともいう)と呼ばれる大規模借款計画を持ちかけるのである。

かくして、辛亥革命の動乱はひと先ず落ち着いていく。宇都宮が望んだような「支那分割論」も、もはや可能性を失いつつあった。しかし、宇都宮にとって、辛亥革命はまだ完全に収束したわけではなかった。それは各国が中華民国政府を清朝の後継として正式承認するまで、「中国」の枠組みは完全に決まらないという理由からであった。というのは、よく知られる通り、清朝は、満洲人をはじめ、モンゴル人、漢人、チベット人などからなる多民族国家であった。それぞれの民族は清朝の皇帝のもとに統治され、忠誠を誓っていた。

したがって、満洲人を除く他の民族間の関係性は薄い。そもそも、各民族はそれぞれの固有の政治システムに基づいて統治されており、均質な国家体制ですらなかったのである。滅満興漢を掲げて成立した中華民国は漢人中心の国家であり、モンゴル人やチベット人からすれば、漢人に統治される覚えはなかった。

宇都宮の考えによれば、中華民国の領土、民族の枠組みは、各国が中華民国を承認するまで流動的であり、とすれば、モンゴルの王公を日本が支援することには何ら問題がないはずであった。そこで、宇都宮はモンゴル王公への資金提供や武器供与などに乗り出すのである。宇都宮がこのようにモンゴルへの関心を強めたのは、当時の中国をめぐる国際関係に原因があった。一九一二年七月に締結された第三次日露協約では、第二次日露協約で勢力範囲が未画定であった内モンゴルについて、東西に二分して日露の勢力範囲とすることが取り決められたのである。これ以後、日本の「満洲」権益は、公式に「満蒙」権益に拡大する。もっとも、東部内モンゴルにはさして日本の勢力が扶植されているわけではなかったから、権益の実体化が急がれた。そこで宇都宮が目を付けたのが、現地の王公との関係だったのである。

宇都宮はこの頃、謀略による満蒙の分離独立はひと先ず措き、権益の獲得による日本の地位の拡大・安定化を考えるようになっていた。そこで宇都宮が目指したのが、右に見た東部内モンゴルにおける勢力扶植と、満洲における日本人の居住権の拡大である。ロシアと外モンゴルとの間で一九一二年一一月に結ばれた露蒙協約には、ロシア人の外モンゴルにおける内地雑居、土地所有権が認められていた。そこで、日本も満洲において同様の地位を得るべきだと考えた。そのためには外交的アプローチが捷径となる。宇都宮は外務官僚に接近した。宇都宮が残した日記からは、この頃、外務次官の倉知鉄吉や政務局長の阿部守太郎と頻繁に会って意見を交わしていることが確認できる。

実はこの頃、外交的には大きな好機が訪れていた。先ほど少し述べた中華民国の正式承認問題がそれである。この承認問題がなぜ好機なのかというと、承認には旧権益や債務の引き継ぎが条件となるが、その際に様々な懸案の解決を持ち出すことが可能だからである。袁世凱政権側も政治的安定のためにはどうしても承認が必要であったし、そもそも財政の対外依存という制約も相まって、各国に宥和的な態度を示していた。そこで、ロシアは外モンゴルの自治を認めさせようとし、イギリスもチベットを同様の地位に置こうとするのである。

では、日本はこの機会に何を要求すべきなのか。辛亥革命に際して日本政府が決定した方針には、満洲権益の期限問題の解決が挙げられていたことは前述の通りである。この方針はその後も受け継がれており、第二次西園寺内閣に続く第三次桂太郎内閣では、桂首相と加藤高明外相が期限問題解決のための交渉を行なおうと考えていた。駐英大使であった加藤は、外相就任のための帰国の際、イギリスのグレイ外相と会談して、この問題の解決について了解を得ていた。しかし、一方で日本外務省の官僚レベルでは、期限問題の解決を急がず、むしろ東部内モンゴルの特殊権益実体化、満洲における日本人の地位拡大を目指す方針が立てられていた。これは宇都宮の考えとも一致するものであった。

宇都宮も当然、この中華民国承認をチャンスと見ており、そこで中国に自ら赴いて辛亥革命後の状況を視察することにした。中国側の政治家と接触し、現地の空気を察しようとしたのである。この視察旅行は満洲から中国本土まで、一九一三年一月中旬から二ヶ月に及ぶものであった。時は二個師団増設要求による西園寺内閣の総辞職を発端に、政友会が第三次桂内閣と対決、閥族打破・憲政擁護を叫ぶ群衆が国会を包囲し、桂が総辞職を余儀なくされるという、大正政変の真っ只中である。長州閥に反感を抱いているのだから、もう少し国内政治に関心を持っていてもよさそうなものだが、どうも宇都宮の関心は中国問題に傾いていたらしい。

対中「要求」

一九一三年一月一七日に新橋を発った宇都宮は、二二日、朝鮮を経て満洲に入り、安東（現在の丹東)に到着した。宇都宮のもとには早速宗社党の日本人関係者が訪れている。

宇都宮の中国視察は、すでに新聞でも報じられており、その意図について憶測を呼んでいた。もちろん満蒙独立運動の関係者は、これを期待をもって迎えた。

たしかに宇都宮は満洲の広大な土地の経済性を高く評価して、将来の「併呑」すら想像していた。それどころか、中国大陸そのものへの野心も隠さない。漢口から北京に向かう汽車の中で、「斯の如きの邦土を斯の如きの民族に放棄す、抑々天意なる乎」と嘆息し、「ちゃんの国いつ来て見ても広びろし」との句を詠んでいる(宇都宮太郎関係資料研究会編『陸軍大将宇都宮太郎日記』)。しかし、この視察を通して至った宇都宮の考えは、満蒙独立という方法論をあらためて否定するものであった。宇都宮によれば、日本の採るべき方針は、中国が誠心誠意日本の満蒙における地位を承認するようにする、ということであった。それゆえ、訪ねて来た宗社党の関係者には軽挙を戒めていた。

宇都宮はこの旅行中に満蒙権益に対する意見書と日中協約案を執筆し、これを伊集院彦吉駐中公使や在中の陸軍関係者に示し、また、桂内閣の後継として組閣したばかりの山本権兵衛首相や後藤新平にも送った。その内容は、日本が中華民国を承認することと引き換えに、日本の満蒙における特殊地位、同地域における日本人の内地雑居および土地所有権、関東州租借地と鉄道経営の期限延長を中国に認めさせようとするものであった。宇都宮は満洲各地を視察した後に上海に向かい、そこで孫文や黄興といった革命派の重要人物と、また、北京では袁世凱とも接触している。いずれも探りを入れる程度であったようだが、いくらかの手ごたえを得たようである。陸路満洲から朝鮮を経て、三月一四日に帰国した宇都宮は、自身の構想を実現すべく、政府首脳に満蒙政策策定の必要を説いて回るのである。

山本内閣は薩派色が強い政権であったから、宇都宮としては色々と動きやすい政治環境であったといえる。宇都宮が旅行中に送付した意見書は、山本首相の閲覧を経て、牧野伸顕外相のもとに留め置かれた。また、四月一〇日、宇都宮は山本のもとを訪ね、自身の説をあらためて説いている。一方この間、中国南方の革命派や宗社党から宇都宮のもとへ支援要請が来ていたが、宇都宮がこれに乗ることはなかった。「支那分割論」を諦めたわけではなかったが、安易な謀略工作は列国の猜疑を招くと見ていた。それよりも、借款による利権の扶植、協約による地位の安定化を優先しようという考えであった。

しかし、外務省は宇都宮の日中協約案を採用しなかった。とはいえ、現状維持的態度に終始していたわけでもなく、実は方向性としては宇都宮とかなり近かったのである。この頃外務省が採っていた方針は、満蒙鉄道の敷設による東部内モンゴルへの勢力伸長や、満洲において農業権を獲得し、事実上の内地雑居を実現しようとするなど、抜本的な権益確立を図ろうとするものであった。これは前内閣までが租借地および南満洲鉄道の期限延長を満洲問題として重視していたのとは大きな違いである。実際、この方針のもとに一九一三年一〇月には満蒙五鉄道契約が成立し、そのなかには、四平街から鄭家屯を経て洮南にいたる、東部内モンゴル方面への路線が含まれていた。なお、この契約と時を同じくして、中華民国は各国から正式承認された。もちろん、ロシアもこれを機に外モンゴルの自治を確認(露中宣言)したことはいうまでもない(イギリスもチベットの自治を要求したが、最終的に合意にいたらなかった)。

残されたのは、宇都宮も重視していた居住権の拡大(内地雑居)であったが、こちらは当時進められていた奉天省との借款計画において、その条件の一つとして中国側に提起したものの、治外法権との関係から拒否された。国際法上、内地雑居と法権の承認が不可分であったためである。治外法権体制の下では、外国人は居住範囲を制限されるのが通例であった。かくして借款による経済外交は挫折を余儀なくされた。そこで浮上するのが「要求」による問題解決であった。

シーメンス事件によって山本内閣が倒れ、次に成立するのが第二次大隈内閣であるが、そこで再び外相となった加藤高明は、対独参戦、青島占領の戦後処理と併せて、満蒙問題の解決案を中国に突き付ける。これが一九一五年の対中二十一ヶ条要求の第二号である。

この要求は第一号から第五号までの五つのパートから構成されているが、なかでも第二号(満蒙関連)は最重要の項目であった。もっとも、要求という形を採ってみても、治外法権体制を維持しつつ内地雑居を実行するのは無理があった。結局、最後通牒により強引に「南満洲及び東部内蒙古に関する条約」(南満東蒙条約)の調印にこぎ着け、内地雑居、土地商租権(東部内蒙古では農業合弁権)を獲得したが、中国側は国内法令によって条約の形骸化を図るという対応に出る。この土地商租権の有効性をめぐる対立は、満洲事変の背景をなす満蒙問題の代表的事例となっていくのである。

＊

辛亥革命をきっかけとして「満洲保全」論が浮上し、そこから派生するのが満蒙独立運動であった。

また、その帰結の一つというべきが対中二十一ヶ条要求であるが、宇都宮のたどった足跡からはそうした流れがよく見えてくるであろう。しかし、宇都宮本人は、南満東蒙条約が締結されたとき、すでに陸軍中央を離れていた。北海道旭川第七師団の師団長に転じていたのである。宇都宮はどうも陸軍内で政治的に「活躍」し過ぎたようである。

一九一三年六月に軍部大臣現役武官制の改正問題から木越安綱が辞任すると、後任をめぐって非長州派の動きが活発化した。後任は土佐出身の楠瀬幸彦であったが、それを後押ししたのが宇都宮と薩派であった。宇都宮は薩摩出身の貴族院議員で予備役陸軍中将の伊瀬知好成を通じて山本権兵衛に働きかけたのである。さらに、宇都宮の最終目標はどうやら高島鞆之助の擁立だったようで、政権獲得のための薩派の協同、政友会との接近を企てていた。まさに策士としての本領発揮である。

しかし、山本内閣が倒れたことで、大きく潮目が変わる。大隈内閣の陸相は長州の岡市之助、同次官は長州に近い大島健一であった。長州閥の復活である。宇都宮はこの人事を「帝国陸軍に進化せんとせし我陸軍」が、再び「長州陸軍の旧態に復旧」した、と日記に記している(『陸軍大将宇都宮太郎日記』)。やがて宇都宮は、中将への昇進と第七師団の師団長への異動を知らされる。師団長は親補職で親任官相当の待遇だから栄転である。しかしこの後、宇都宮が中央に復帰することはなかった。その意味するところは明白であろう。

彼は参謀本部を去る前、師団長会議で世界情勢について講演し、「自大、自強、自存」を訴えていたが、それを自身の手で実現することはできなかった。

その後、大阪第四師団の師団長を経て、一九一八年に朝鮮軍司令官に就いたが、そこで遭遇したのが三一独立運動であった。軍事責任者として事件の処理に忙殺され、その心労からであろうか、喀血して倒れた。その後は完全に健康が快復することはなく、大将に昇進後、軍事参議官として本国に戻るものの、もう政治的に第一線に立つことはなかった。アジア主義者の前に最後に立ちはだかったのが、アジアの民族主義であったのは運命の皮肉であろう。

一九二二年、病床にあって死を覚悟した宇都宮は、かつての同志、後輩を呼んで、日本が将来獲るべき範囲を地図に示して遺言にしたという。それは、西は中央アジアから東は太平洋の日付変更線にいたるという広大な地域であったらしい。あまりにも気宇壮大であり、後の大東亜共栄圏をさらに上回るものである。もっとも、それは東西文明対立論にもとづくアジア人の連帯をも意味するものであったらしい。ともあれ、宇都宮はその年に六〇歳で亡くなるものの、たしかにそうした遺志は、上原派を経て陸軍革新グループによって受け継がれていったようだ。彼らの特徴は、強烈な尊皇思想と積極的大陸政策であり、その最大派閥・皇道派の首領は上原派の系統である荒木貞夫と佐賀出身の真崎甚三郎であった。ただ、もし宇都宮が生きていれば、満洲事変のように軍人が独断専行することをよしとはしなかったであろう。本章で見てきたように、彼は常に国家の総意として、政府の方針を尊重していたからである。

参考文献

鵜崎鷺城『陸軍の五大閥』隆文館図書、一九一五年
高宮太平『軍国太平記』酣灯社、一九五一年
宇都宮徳馬『七億の隣人』東潮社、一九六四年
北岡伸一『日本陸軍と大陸政策』東京大学出版会、一九七八年
戸部良一『日本陸軍と中国』講談社、一九九九年
宇都宮太郎関係資料研究会編『陸軍大将宇都宮太郎日記』岩波書店、二〇〇七年
櫻井良樹『辛亥革命と日本政治の変動』岩波書店、二〇〇九年
松浦正孝『「大東亜戦争」はなぜ起きたのか』名古屋大学出版会、二〇一〇年
佐藤守男『情報戦争と参謀本部』芙蓉書房出版、二〇一一年
小林道彦『大正政変』千倉書房、二〇一五年

第五章　日本人「馬賊」と中国大陸——薄益三《うすきますぞう》

辛亥革命期に画策された満蒙独立運動は、日本の「満洲（満蒙）保全」論の一つの型を示すものであり、誰もが後の満洲事変を思い起こさずにはいられまい。一方、辛亥革命を滅満興漢の民族主義運動として見れば、宗社党による満蒙独立への企てもまた、民族主義の一つの顕れといえるのかもしれない。もっとも、参謀本部が画策しなくても、あるいは宗社党がこれに乗ぜずとも、日本人による満蒙での武装蜂起は、起こる可能性があった。というのは、辛亥革命が勃発するのと同時に、満蒙現地の日本人には、これを好機としてひと暴れしようとする不穏な空気が醸成されるからである。その主役は、大陸浪人——なかでも馬賊と称される人びとであった。

若い頃の薄益三（朽木寒三『馬賊—天鬼将軍伝』正、続、徳間書店、1981年）

かつて馬賊を名乗った日本人は幾人かいるが、そのうちの有名な人物の一人に薄益三がある。薄は一八七八年、新潟に生まれた。といっても、福島との県境・津川の生まれであり、もともとは会津領であった（現在は阿賀町）。その会津という彼の出自が、反骨と大陸への雄飛の背景にあったのかもしれない。通称、天鬼将軍。インパクトのある容

若い頃の薄守次（『馬賊一天鬼将軍伝』）

貌に大きな体躯、力自慢で角力の実力はかなりのものであったという。まさに絵に描いたような豪傑である。ただし、性格は豪放磊落ではあるが、どこか包容力のある鷹揚なタイプだったらしい。彼は日露戦争時に来満し、戦後は長春で華実公司という賭博場の支配人をしていた。

この賭博場は元祖日本人馬賊・紅崙波こと辺見勇彦が経営していたもので、大連と安東に店を構えていたが、新たに長春の経営を薄に任せたのである。ここから弟・守次（本当は甥）とともに天鬼兄弟として名を売っていく。

この賭博場には日中双方のならず者や豪傑の類が行き来していたから、薄の仕事は支配人といっても、用心棒を兼ねていたのだろう。薄はいわゆる顔役であった。天鬼将軍というあだ名も、いかにもゴツい印象を受ける。もっとも、中国人にとって「鬼」とは幽霊を指すから、中国語のニュアンスからすればやや奇妙な感があったようだ。また、外見も一見すると豪傑そのものであるが、実際には、大兵肥満では馬賊の戦闘に不向きであって、実は実戦の方は守次が主に担当していた。しかし、大陸で活躍しようという人間に最も必要なのは気宇壮大な雰囲気であり、それがもたらすある種の信頼感であった。薄益三にはそうした要素が十分に備わっていた。ここでは、天鬼将軍の足跡をたどりながら、日本人馬賊とはいかなる存在であり、また、どのような時代背景のもとに現われたのかを見ていくことにしよう。なお、この薄兄弟については、朽木寒三『馬賊 天鬼将軍伝』という小説がある。これは小説といっても、戦後、薄守次本人からの聞き取りにもとづいて書かれており、ノンフィクション的な性格が強い。それだけに当時の雰囲気をよく伝えており、本書でも参考にするところが多い。

辛亥革命後の反袁政策

日露戦後、新天地・満洲にもそう都合のよい話ばかりが転がっているわけはなく、かつての大陸志士やいわゆる一旗組のなかには、満洲ゴロへと落ちぶれ、力を持て余して不遇をかこつ者が少なからずあった。そうした者たちにとって、辛亥革命は日頃の鬱憤を晴らすチャンスであった。薄らは革命勃発とともに公主嶺の制圧を計画して失敗したが、同様の動きは瓦房店や鉄嶺でも起こっていた。なかには、関東都督府の鉄道守備隊長で陸軍少佐の津久居平吉のように、現役軍人がこれを扇動していたこともあった。いずれも参謀本部の計画とは無関係である(津久居は革命派と関係があった)。さらに、中国人馬賊のなかにも、このような政治的動乱をチャンスと見る者があった。日清・日露の両戦乱が、後の満洲の覇者・張作霖の出世のきっかけになったように、混乱は一方において政治的上昇へのチャンスになり得るのである。

そして、革命勃発後、満洲には守田利遠のような陸軍将校が派遣され、日露戦争時の特別任務班に見られた、日本人陸軍将校─日本人馬賊─中国人馬賊というラインが復活する。

これが、満蒙独立運動を現地において支えた勢力であった。満蒙独立運動は、ここに参謀本部・宗社党が指揮系統となって進行する。もっとも、前記『天鬼将軍伝』によると、武装蜂起計画の始まりは、宗社党関連ではなく、革命派でありながらも守田と関係の深かった陳中孚という人物が、薄らに蜂起を持ちかけたことにあるという。この頃の日本人の行動は、なかなか複雑な背後関係を秘めていたようだ。

さて、このように現地の勢力は、必ずしも参謀本部の意図に唯唯諾諾と従い、その統制下にあることをよしとしていたわけではなかった。したがって、彼らの勢いは、政府中央の中止命令によっても完全には収まらない。結局、モンゴル王公への武器密輸を決行し、その途中で奉天軍と衝突するのである。これが一九一二年六月の鄭家屯事件である。この戦闘では派遣将校の松井清助大尉が負傷し、日本人の戦死者が十数名、モンゴル人、中国人馬賊にも合わせて四〇名ほどの戦死者が出るなど、日本側が敗退して終わった。実際に銃をとって最後まで戦ったのは薄益三ではなく守次であったようだが、その戦いは、馬賊らしく馬に乗って颯爽と駆け回るといった「かっこいい」ものではなく、這いつくばってひたすら弾雨をしのぐ厳しいものであった。結局、益三、守次をはじめとする関係者は捕縛された。現地の日本人にとって、第一次満蒙独立運動はこうして終わりを迎えたのである。

ところでこの頃、孫文から臨時大総統の座を奪取した袁世凱は、やがて列国からの借款による財政再建と反対派への弾圧によって安定的な地位を築いていく。一九一三年には第二革命によって革命派を一掃し、敗れた孫文らは日本に亡命した。袁は正式な大総統に就任し、続いて国民党の解散、国会廃止、新約法(憲法に相当)の制定、といった具合に大総統の地位を絶対的なものにしていった。こうして、袁世凱の中央集権化とそれを支援する列国という図式は固定化され、中国をめぐる国際環境は、どさくさ紛れの謀略などを容認するものではなくなってしまった。

しかし、やがて袁世凱の行き過ぎた権力欲が、政情不安を引き起こすことになる。大総統の地位に飽き足らなかった袁は、皇帝になろうと考えた。アメリカ人政治顧問グッドナウが、立憲君主制こそ中国にふさわしい、とそそのかしたことも影響していた。こうしてはじまるのが帝制運動である。

一九一五年一二月、袁世凱は洪憲帝に即位する。国号も中華民国から中華帝国に変更された。しかしながら、これは少しやりすぎであったといわざるを得ない。この年の前半には日本の対中二十一ヶ条要求があり、袁は威圧に屈して最後通牒を受諾していた。そこから半年ばかり後のことである。外に宥和、内に強権という袁の政治スタイルもさすがに限界であった。配下の段祺瑞や馮国璋でさえ袁と距離を置こうとしたほどで、革命派の勢力が残る南方の反発はなおのことである。雲南で蔡鍔が叛旗を翻して皇帝退位を要求し、ここに第三革命——護国戦争ともいう——が勃発する。やがて広西省の陸栄廷が革命派に与《くみ》したことで、袁側が劣勢に追い込まれるようになる。

日本は当初、帝制運動を静観していたが、やがて列国と共同して延期勧告を発し、介入の姿勢を見せた。さらに第三革命の戦況が袁世凱に不利に傾くと、これを機に革命派を支持して袁の排除を図るという、いわゆる反袁政策を決定する。一九一六年三月、第二次大隈内閣下のことである。そもそも、その前の山本権兵衛内閣では、政友会と提携して国際協調・現状維持路線をとったために、野党の同志会や輿論から軟弱外交という批判の声が上がっていた。したがって、山本内閣の後を襲った同志会・大隈重信内閣では、外交方針を大きく見直すことになった。そこで満蒙問題の解決や対中内政干渉などの対外硬論が、政策化されるという現象が起こるのである。しかし、この大隈内閣の反袁政策は、交戦国でもないのに相手国の中央政権打倒を目指すというのであり、かなり常軌を逸したものであった。

第二次大隈内閣の外交政策は、二十一ヶ条要求といい、この反袁政策といい、日中関係に禍根を残す部分が大きかったといわざるを得ない。しかし、満蒙独立を目指す勢力からすれば、これはチャンス到来であった。

この頃日本の政府内では、主として陸軍、海軍、外務省の官僚により、対中干渉策が具体化されていった。陸軍側の首謀者は参謀本部第二部長の福田雅太郎であり、さらに土井市之進大佐と小磯国昭少佐が現地に派遣された。海軍側の推進者は軍務局長の秋山真之少将であり、外務省では小池張造政務局長がまとめ役であった。中国各地の反袁勢力支援のために大倉喜八郎や久原房之助といった資本家が資金を提供し、青柳勝敏らの退役軍人や、柴四朗、押川方義、五百木良三といった政客も続々中国に渡った。当然、満蒙現地の動きも活発化する。満洲では粛親王善耆とその第七子憲奎が川島浪速とともに挙事を準備し、モンゴル側では馬賊のバボージャブが軍勢を率いて合流する。バボージャブは漢人に強い反感を持ち、モンゴルの独立を目指していた。こうして画策されたのが第二次満蒙独立運動である。

馬賊イメージの形成

一方この頃、薄らは何をしていたのかというと、第一次世界大戦が勃発し、日本が対独参戦を実行したことで、青島に好機ありと見て俄然活気づいた。青島での武装蜂起を企んだのである。ちょうど対中二十一ヶ条要求交渉が行なわれている最中であり、袁世凱への牽制の意味から、陸軍も裏面で薄らの計画を支持していた。しかし、外務省の反対を受けた陸軍は、突如計画の中止を命じる。薄らはこれに逆らって計画を強行したものの、逆に日本軍に包囲され、関係者が拘束されるという始末であった。ただ、この顛末は新聞でも報じられたらしく、結果的に天鬼将軍の名声(?)を高めることになったようである。

騒擾罪で収監された後、特赦で出獄したのが一九一六年三月のことであった。右翼や馬賊志願者の出迎えと歓迎を受け、また、新聞記者に囲まれて一躍時の人となった。当然、薄らにも満蒙工作のお誘いが来る。これを断るわけもなく、薄らも満洲に渡って各地の中国人馬賊に声をかけて兵を募った。集まった兵力は二〇〇名であった。他にもいくつかの日本人勢力が参集していた。

ところが、この頃すでに日本の陸軍中央では、またもや大きく方針を変えつつあった。

というのは、まず、反袁政策自体、六月六日に袁が急死したために、あまり意味をなさないものになった。そして、粛親王らを擁立する計画に対して、奉天の軍事実力者である張作霖の支持を主張する者が現われた。なかでも、元々計画の首謀者であった参謀次長の田中義一が、張作霖支持に傾いてしまった。またこれと前後して、福田雅太郎がヨーロッパ派遣に、秋山真之は艦隊勤務を命じられて中央を離れることになった。さらに袁の死後、奉天では、袁配下の段芝貴が放逐され、張作霖が督軍として権力を掌握した。かくして、満蒙独立計画は挫折を余儀なくされるのである。日本国内の方針は、第一次満蒙独立運動以来常に一定せず、現地を翻弄するのであった。

しかし、日本側の方針変更を余所に、バボージャブは軍事行動を開始してしまう。バボージャブは七月一日に兵三〇〇〇を率いて各地で奉天軍を撃破し、当初の計画通り日本から武器弾薬の支援を受けるべく満鉄沿線を目指して進撃した。そこで薄らもこれに呼応することにした。しかし、八月にはバボージャブ軍が四平街と公主嶺の中間に位置する郭家店に到達するものの、期待した日本からの支援物資はなく孤立してしまう。結局、日本側がバボージャブ軍と奉天軍の間を調停し、バボージャブ軍はモンゴルに帰還することになったが、当然、奉天側がこれをそのままにするはずもなく、また、日本人の参加者もここであきらめるつもりはなかった。かくして、バボージャブのもとには公称四〇〇〇名の援軍が集まり、総勢七〇〇〇名の大戦力となった。

九月に入ってモンゴルに帰還すべく行動を開始したバボージャブ軍は、奉天軍と交戦しつつ進軍した。しかし、この間に形勢は不利となり、川島浪速が編成した日本人の主力部隊も中央の命令に従って離脱してしまう。結局、薄隊のみがバボージャブ軍と行動をともにした。ところが、内モンゴルへの入り口である林西を攻略しようとしたバボージャブは、自身が銃弾に斃れてしまった。指導者を失った部隊は潰走し、薄隊も撤退を余儀なくされる。もっとも、益三はすでに軍事行動から離れており、天鬼将軍自身の華々しい活躍は、ここでもまた見られなかった。やはり最後まで戦ったのは守次であった。守次ははじめから負け戦であることを自覚していたが、それでもなお、この挙事に大きなロマンを感じ、「痛快感」を覚えていたという(『天鬼将軍伝』)。結局、守次らは北上してハイラル経由で無事大連まで帰還した。

バボージャブ(都筑七郎『馬賊列伝』番町書房、1972年)

こうして、第二次満蒙独立運動もまた竜頭蛇尾の幕切れで終わった。しかし、当初は政府の肝入りによる大々的な計画としてはじまり、新聞でも宗社党の動静が報じられていたから、「馬賊」の存在は実際以上に増幅されたイメージで人び

有本芳水『馬賊の唄（原題は『馬賊の子』)』（平凡社、1929年）挿絵

とに知れ渡ってしまったらしい。

これ以後、馬賊のイメージは実態を離れて独り歩きしていくことになる。

ここで、人びとが抱いた「馬賊」なるもののイメージについて、もう少し社会文化的な視点から考えてみたい。日露戦争以来、「馬賊」は少年雑誌の冒険小説の定番ネタになっていたが、辛亥革命による中国問題への関心も相まってか、馬賊ブームがさらなる高まりを見せていたようである。第三革命の動乱の真っ只中であるが、有本芳水『馬賊の子』が刊行され人気を博している。有本は人気雑誌『日本少年』の主筆をつとめていた人物である。

その内容は、帝制運動時に袁世凱の配下に父を殺害された日本人少年が、馬賊を志願して中国に渡り、ついに仇討を果す、というものである。第三革命を題材としており、頭山満がモデルと思われる人物が主人公を支援していたりと、かなり時局色が濃いものとなっている。

そもそも少年雑誌と馬賊との間には色々と因縁がある。冒険小説の代表的な作家である押川春浪は、第二次満蒙独立運動の参加者である押川正義の息子であり（ただし、春浪は計画時にはすでに死去）、薄益三ともよく知る間柄であった。益三と春浪とは天狗倶楽部というスポーツ振興団体で接点があったものと思われる。なお、その春浪と関係の深い人物に、『日本少年』と並ぶ人気少年雑誌『冒険世界』の主筆・阿武天風がいる。阿武は春浪亡きあとの少年雑誌『武侠世界』でも主筆をつとめているが、やはり大陸関係者との人脈があったらしく、この第二次満蒙独立運動のときには中国に赴いてバボージャブに会おうと試みたという。また、一九一七年からは特派員として満蒙へ渡っており、その代表作『太陽は勝てり』には「巴布札布」(バボージャブ)の名前が登場する。このように、冒険小説における「馬賊」は、単なるコンテンツに止まらず、現実の馬賊との様々な接点を持っていた。なお、ほかに少年雑誌の定番ネタといえば、潜水艦や飛行機などの冒険物だが、こちらはそう簡単には実現できないので、馬賊への憧れには現実味という要素があったのかもしれない。

また、「馬賊」が人口に膾炙したといえば、一九二二年にレコード化された「馬賊の歌」を思い浮かべる人もいるだろう。これは宮島郁芳の作詞であるが、実は原型があって、その詞を作ったのが宮崎滔天であるという。宮崎は一九二二年に亡くなっており、その前から病床にあったから、おそらくその成立はもう少し遡ることになる。宮崎はいわずと知れたアジア主義政客の代表的人物であり、孫文を熱烈に支援したことで有名である。したがって、歌詞にもそうしたアジア主義的な雰囲気が色濃い。「僕も行くから君も行こ/せまい日本にゃ住み飽いた/波立つ彼方にゃ支那がある/支那にゃ四億の民が待つ」。そこから見えるのは、いわゆる「大陸雄飛」である。馬賊のイメージは中国大陸に渡って何か大きなことをやる、というアジア主義的ロマンと結びつけられたのである。政治的な意図から中国大陸に渡った者は、すでに日露戦争前にもかなりあった。彼らは、たとえば義和団事件におけるロシアの満洲占領といった東アジアの危機に対し、彼らなりの愛国心や義侠心に突き動かされて行動していた。その心情を表わす歌に「アムール河の流血や」がある。これは旧制一高の寮歌で一九〇一年に制作されたが、その歌詞は老いた清に代わって日本が立ち上がり、ロシアに対抗するというものであった。そこからは東アジアの国際的緊張に対する悲壮な決意が読み取れる。しかし、「馬賊の歌」にそれはない。すでに対外的な危機が去ったためであろうか、そこにあるのは楽観的な大陸進出論である。

そして、その背景に見え隠れするのは、当時の日本国内に存在していた、ある種の時代の閉塞感であったと考えられる。明治期に近代化が達成された反面、社会の階層は固定的になり、若者にとっては生きづらい世の中になっていた。そこで、外にチャンスを求めるようになるのである。そのフラストレーションのはけ口となったのが中国大陸であり、馬賊に自らの願望を投影したのだといえよう。

馬賊の生きた時代

こうした馬賊ブームの盛り上がりと時期的に重なるのが第二次満蒙独立運動であった。

この計画はあまりにも派手であり、とうてい謀略といえるような隠密性はなく、むしろ耳目を惹《ひ》くものであった。どうも「馬賊」のイメージ形成に果した役割は小さくないように思われる。とすると、その主役は天鬼将軍こと薄益三なのだから、まさに彼こそ馬賊イメージを代表する人物といえる。事実、第二次満蒙独立運動後、薄益三のもとには、数百通のファンレターが届き、馬賊への弟子入り希望が殺到していたという。ところが、当の本人は、この頃、すでに派手な馬賊稼業に限界を感じ、新たな道を模索していた。挙事失敗から帰国して間もなく、薄は『冒険世界』紙上で、次の目標は「桜を植えに行く」ことであると述べている。「戦のやうな人殺しを廃業して大和民族発展の礎を据ゑ付けに行く」のだという（薄「蒙古へ！　蒙古へ！」『冒険世界』一九一七年八月号）。また、『天鬼将軍伝』によれば、この頃の薄益三の口癖は「もはや時代は大きく移り変って」であったという。薄は、すでに「武闘」の時代が終わり、次なる時代は「経済」であると見ていた。つまり、経済界への転身である。薄はその外見から想像される粗暴さとは正反対の、かなり鋭敏な時代感覚を持っていたようである。こうして、一般社会における馬賊のイメージが肥大化する一方で、実際にはその活躍する時代は終わりを告げていた。

では、「現実的馬賊」は新たな時代に何をやろうとしていたのか。この頃、薄が目を付けていたのが、内モンゴルにおける農牧事業である。そこには、時代の大きな転換が作用していた。まず、薄らが満蒙独立を諦めた一九一六年は、第一次世界大戦が長期化し、その影響で日本国内の経済が活況を呈した時期である。開戦時に約一一億円の債務国であった日本は、終戦後の一九二〇年には約二七億円の債権国になるのである。

しかし、好景気の一方で、ヨーロッパ各国の戦時経済による貿易統制の影響を受け、日本国内においては原料不足という新たな問題が深刻化していた。そこで注目が集まったのが満蒙である。満鉄の製鉄事業として鞍山製鉄所が設立されるのもまさにこの頃のことであった。こうして日本の好景気の波は満蒙にも波及し、モンゴル方面へもさかんに資本が投下された。さらにその背景となったのが、南満東蒙条約によって認められた、東部内モンゴルにおける農業合弁権であった。当時の日本には経済力と条約上の権利という、満蒙開発の条件が整っていた。

もっとも、これらの理由は、薄らに新たな道を指し示すものではあったけれども、満蒙独立という方向性自体を否定するものとまではいえない。しかし、実はこの頃、薄らには、満蒙独立という「大きな夢」を放棄せざるを得ない理由もあったのである。それは日本の対中国政策の転換である。これこそが、薄らを「経済」の道へと進ませる要因になったと考えられる。

大隈内閣の対中国政策に対し、日中関係の悪化を懸念したのが山縣有朋周辺であった。閣僚の辞任問題などもあって行き詰まった大隈は、加藤高明を後任に推すも、寺内正毅を支持する山縣と対立した。結局、大命は寺内に降下する。こうした経緯から、寺内内閣は対中国政策の転換、日中親善の実現を使命とした。北京政府で政権を握る段祺瑞への支援策が実施され、なかでも目玉となったのが西原借款であった。さらに、満洲で政治権力を確立する張作霖は、大戦期には段祺瑞との良好な関係を築いて政治的地位を向上させたが、張作霖もまた段祺瑞と同じく、日本との関係性を政治的な強みとしていた。かくして、日本の「満蒙保全」は、武力による独立ではなく、親善関係に基づいて実現するのである。

以後、中国の中央政府が、あるいは満蒙の現地実力者が日本に協力的であるかぎり、日本の満蒙権益は安泰ということになる。これまでに失敗を繰り返した薄らは、政府の方針に全く反して満蒙独立を企てても成功の見込みがないことをよく分かっていたはずである。

もっとも、裏を返せば、日中関係が悪化したり、現地実力者の支持がなくなればこの満蒙保全の方法は機能しなくなってしまう。そうすれば再び満蒙独立による保全論が復活することになるが、それが後の満洲事変なのである。

こうした内外の情勢の変化を受けて、経済の道を志した薄らは、一九一八年、内モンゴルのパリン王と片谷伝造による合弁事業(第一章および第四章参照)を継承し、南満製糖の荒井泰治の支援を受けて蒙古産業公司という会社を立ち上げた。馬賊から実業家への転身である。わずか一五万円の資金提供と引き換えに、同王の領地において自由に農牧事業を行なう契約であるが、当時、日本ではイギリスの羊毛管理政策から羊毛原料の不足が深刻な問題になっており、モンゴルの事業には国策的な意味があった。しかも、この蒙古産業公司には満鉄や東洋拓殖株式会社(東拓)といった国策会社も出資していたから、国家のお墨付きを得たことになる。一九二一年からは満鉄の事業である東部内モンゴルにおける綿羊改良事業の委託を受けた。満鉄から技師が派遣され、パリン旗林西付近に黒山頭種羊場が設置された。

もっとも、馬賊がそう簡単に企業経営を行なえるはずもなく、経営状況は良好とはいえなかったらしい。さらに、日本人か中国人かを問わず、それまで付き合いのある馬賊達が入れ替り立ち替りで入り浸ったから、さながら梁山泊のようであった。これには日本の外務省でも苦々しく思っていたようである。また、中国側は、当然のことながらこの会社を日本の侵略の尖兵と見て警戒感を強め、その牽制も経営に少なからず影響を与えることになる。

結局、蒙古産業公司は一九二二年に東亜勧業株式会社に吸収される。東亜勧業は、満鉄と東拓が主として出資する国策会社

薄益三(右)と薄守次(『馬賊—天鬼将軍伝』)

で、それまで満鉄と東拓が買収・経営していた満蒙の土地を一手に引き受けて農牧業を行ない、関東庁（関東都督府民政部の後身）や朝鮮総督府から毎年補助金を得ていた。もっとも、蒙古産業公司を身売りしたといっても、薄らは経営自体には引続き参与していたようだから、むしろ待遇は安泰になったというべきだろう。とはいえ、当のモンゴル事業自体は失敗続きで、日本の資源問題に寄与する部分はほとんどなかったのが実情であった。日本の満蒙開発がいくらか進展するのは、満洲事変後の満洲国建国を待たなければならない。

*

その後の天鬼将軍については、あまり目立った話がない。ただ、薄らはモンゴルで現地の状況や王公の姿を撮影して記録映画を作成している。その作品『蒙古横断』は前例のないものであったため、大きな話題を呼び、ついには一九二五年に摂政宮（後の昭和天皇）の前で上映し、薄益三がその内容について進講したという。撮影から編集までのほとんどは守次が行なったというが、この辺のアピールは益三の得意とするところだろう。また、こうした大陸志士の類は一般に尊皇の思想が強く、薄もまたそうした性格であったから、この時期こそ、まさに「天鬼将軍」の絶頂期であったといえる。大正後期といえば、馬賊の華々しい活躍の場はあまりなくなっていたし、馬賊の業界でも世代交代が進みつつあったが、これまで見てきたように、そもそも馬賊とはイメージ先行の存在なのである。ビジュアルに訴えるというのは、いかにも元祖有名馬賊・天鬼将軍らしいといえるだろう。

そうこうしているうちに、一九三一年に満洲事変が勃発する。薄らにすれば若き日の夢が実現したことになる。しかし、薄らはその後、満洲国とあまり関わりがなく、守次にいたってはむしろ快く思っていなかったようだ。すでに益三は日本に戻って生活しており、守次は日本から渡って来る役人が満洲国で幅を利かせることを苦々しく感じていた。とはいえ、満洲事変の「成功」はその先駆けである薄らの栄誉にもつながった。ちょっとした有名人となった益三の晩年は、いかにも好々爺といった感じで、息子は満鉄に勤め、趣味の囲碁を楽しんだりと幸せに過した。結局、亡くなったのは一九四〇年のことで、心臓発作であった。満洲国のたどる破滅の道を見ることもなく、日本の大陸発展の結末も知らずに、六二年の生涯を閉じるのであった。

参考文献

葛生能久『東亜先覚志士記伝』中巻、黒龍会出版部、一九三五年
徳川夢声『うすけぼう譚』東宝書店、一九四八年
栗原健編著『対満蒙政策史の一面』原書房、一九六六年
朽木寒三『馬賊 天鬼将軍伝』徳間書店、一九八一年
朽木寒三『馬賊 天鬼将軍伝 続』徳間書店、一九八一年
福本真弓『凪に嘆く樹々』キープランニング、一九九〇年
阿賀の館天鬼将軍館編『新説 薄天鬼将軍伝』阿賀の館天鬼将軍館、一九九五年
波多野勝『満蒙独立運動』PHP研究所、二〇〇一年
中見立夫『「満蒙問題」の歴史的構図』東京大学出版会、二〇一三年

第六章　第一次世界大戦後の馬賊――伊達順之助《だてじゅんのすけ》

大正期の日本人には、「馬賊」と「大陸雄飛」を結び付けて、中国大陸の「ロマン」に思いを馳せる者が少なからずいた。その背景には、明治末より日本国内を覆いはじめた、近代化の裏返しとしての、時代の閉塞感のようなものがあったのかもしれない。そうしたなかで日本にはない可能性が、中国大陸にはあるように思えたのだろう。

この「ロマン」を象徴する代表的な存在が伊達順之助である。伊達は一八九二年、伊達宗敦の六男として東京に生まれた。父・宗敦は宇和島藩主・伊達宗城の二男で、仙台藩主・慶邦の養嗣子であるが、仙台藩が奥羽越列藩同盟から賊軍となったために廃嫡された。もっとも、維新後は仙台の知藩事となって男爵を受爵し、貴族院議員をつとめており、零落をまぬがれたといえるだろう。さらに順之助の姉・幸子は大木遠吉伯爵に嫁いでおり、家柄・血統の良さは失われていないことがわかる。ちなみに順之助の息子の宗義は、戦後に拓殖大学の教授となっており、父の足跡について『灼熱 実録伊達順之助』を著している。

満州国軍時代の伊達順之助（都筑七郎『伊達順之助の歩んだ道』大勢新聞社、1964年）

伊達順之助については、なんといっても壇一雄の小説『夕日と拳銃』の主人公・伊達麟之介のモデルとしての印象が強い。拳銃の名手であり、恬淡として権力にとらわれず、自由に満蒙の大地を闊歩する快男児である。ドラマ化されたこともあり、現在にいたるまで馬賊小説の金字塔としての地位を失っていない。伊達順之助こそ、馬賊として一般にイメージされる代表的な人物であるといえる。しかし、前章に見たところと照らし合わせると、これはやや奇妙である。なぜならば、伊達が馬賊として名を売ったのは一九二〇年代であるが、この時期は馬賊としての大きな活躍の場は、ほとんどなかったからである。では、この著名な馬賊の実態とはいかなるものであったのか。彼の生きた時代と重ね合わせつつ見ていくことにしたい。

若き日の伊達順之助

小説『夕日と拳銃』の伊達麟之助は、「パプチャップ」(バボージャブ)の蒙古独立運動に参加している。なかでも敵の将軍・呉宗昌との対決は印象深い。真っ赤な夕日が沈む大地で、張作霖軍との戦闘が繰り広げられる。そこに伊達が疾風のように現われ、敵陣に踊り込んで呉将軍を撃ち抜く……。詳しくは『夕日と拳銃』をお読みいただくとして、小説ならではの迫力ある描写が読み手を惹きつける名場面である。一般的に抱かれる馬賊のイメージもこの延長線上であろうか。しかし、これは今述べたようにあくまでも小説であり、事実ではない。実際には、伊達は第二次満蒙独立運動時に満洲にはいたものの、とくに目立った活躍をしていない。彼はまだ二〇代前半の「駆け出し」であり、張作霖暗殺計画に参加しようとしたようだが、結局は幾人か集まった大陸浪人の一人であるに過ぎなかった。

ところで、前章で紹介した『天鬼将軍伝』には、この頃の伊達が登場しており、そちらの様子は『夕日と拳銃』とはだいぶ異なる。それは、第二次満蒙独立運動の敗戦後、薄守次らが帰還したときのことであった。川島浪速が守次のもとを訪れ、伊達順之助を紹介した。

そこで次のようなやりとりが交わされたという。

「守次さん、これが伊達順之助です」と川島さんは青年を私に引き合わせた。「これからの活躍の人だから、あなたひとつ、伊達君に話をきかせてやってくれませんか」

それをしおに私は二階に上がり、伊達君もついて来た。そしてあらためて私に挨拶し、「薄先生、私は日頃からあなたを尊敬しております。今日ははからずもお目にかかれたので、川島先生におねだりして紹介して頂きました」と熱心に言う。ちょっとそういうことは言わぬタイプなので、私はちょっと奇異に思い、

「なに？　尊敬とはおだやかでないね」と笑った。……伊達順之助の大活躍は、川島さんの予言どおり「これからのこと」であったが、あのじぶんには彼も大分神妙だったわけだ。

もちろん、小説のなかの出来事を事実とすることはできないが、むしろこちらの方が実態に近いのではないかと思われる。薄守次からすれば、伊達はまだまだ若造であるし、また、伊達にとって守次が憧れの存在であったとしても別におかしくはない。守次は伊達の三つ年上に過ぎないけれども、馬賊としての経験と知名度には大きな差があるからである。この頃の伊達が馬賊として活躍したという

第2次満蒙独立運動の頃の伊達順之助（伊達宗義『灼熱　実録伊達順之助』蒼洋社、1979年）

形跡は、事実関係と照らし合わせてもうかがえない。にもかかわらず、後世には伊達が第二次満蒙独立運動で活躍したようなイメージが出来てしまうのだから面白い。逆に言えば、そこに、第二次満蒙独立運動の同時代的なインパクトが垣間見えるのである。

ではここで、伊達の経歴を伝記などから分かる限り、簡単に紹介しておこう。

名家に生まれた伊達順之助であるが、中学に入る頃から素行の悪さが目立つようになった。

麻布中学では刃傷沙汰を起して退学処分となり、その後いくつかの学校を転々としている。結局、学校を辞めた伊達は、ふらりと満洲に渡った。これが初めての渡満である。この頃、少年らしい冒険心から無銭旅行なども試みているが、そのとき一緒だった悪ガキ仲間が清浦奎吾の息子・恒通であった。なお、これもこの頃のことであるが、伊達はささいなことからヤクザ者とケンカになって拳銃で射殺してしまう。伊達といえば拳銃の名手として知られるが、これが拳銃にまつわるエピソードのはじまりであった。結局、懲役一年、執行猶予三年の判決が下った。これに懲りてかいくらか心を入れ替えたらしく、海城中学に編入してようやく卒業したのが一九一四年のことである。このときは学問に熱心だったようで、善隣書院で儒学を学んだりしている。

傷害致死事件の後、伊達は義兄（姉の夫）である大木遠吉のもとに一時寄寓していたことがあった。

大木遠吉は知っての通り明治政府で要職を歴任した大木喬任の長子であり、貴族院議員をつとめ、後に原敬内閣のときに司法大臣に就任する大物政治家である。その大木には強烈な国粋主義者としての顔もあり、川島浪速ともよく知る間柄だったため、第二次満蒙独立運動に際しては、大木邸が東京方面の拠点のようになっていたらしい。伊達と第二次満蒙独立運動との接点はこのあたりにあるらしく、この頃、伊達は善隣書院で知り合った青年たちと「満蒙決死団」なるものを結成して、川島浪速の計画に参加しようと渡満するのである。

現地での伊達一派の役割は、邪魔者である張作霖の排除と奉天の制圧であったようだが、他のグループが張作霖の暗殺に失敗したことで、伊達らもこれを断念した。しかし、諦めきれない伊達は、その後も何らかの行動を起そうと企み、一九一七年にはバボージャブ軍の残党とともにハイラル襲撃を決行したようだが、ついにチチハルで中国官憲に取り押さえられ、退去処分となって日本に帰国するのであった。

大戦後という時代

第二次満蒙独立運動の中止と寺内正毅内閣の成立を機に、日本の「満洲保全」論において、武力行使によるこの地域の独立という方向性が挫折したことは、前章で見た通りである。伊達のように意気込んで満洲に渡った次世代の馬賊は、きっと拍子抜けしただろう。

もっとも、そうした日本の政策転換がなくとも、第一次世界大戦後には、満蒙独立などは到底望めなかったに違いない。なぜならば、いわゆる「新外交」の時代が到来するからである。

「新外交」とは、第一次世界大戦の原因とされる帝国主義への反省から生まれた、平和主義、人道主義的な外交思潮である。そのはじまりは一九一七年のロシア革命であった。

帝政が崩壊したロシアでは、戦争継続をめぐる対立が起こり、結局、レーニン率いるソビエトが権力を掌握し、対独単独講和を決める。レーニンは「平和に関する布告」で、無賠償、無併合を表明した。ソビエト・ロシアは、社会主義・反帝国主義を掲げるイデオロギー国家として誕生するのである。これに対抗するかのように、翌一九一八年、アメリカでもウィルソン大統領が平和主義や民族自決などの平和原則を発表する。長期にわたる戦争に倦んだ人びとは、こうした理念に賛同して国際平和を求め、ここに新たな国際関係の規範が生まれるのである。満蒙独立を夢見るような時代は、かくして終わりを告げるのであった。

このような時代の転換は、日本にとっては受け容れにくいものであった。実体験として大戦の悲惨さを知らない日本は、それまでの国際社会のあり方が本当に大きく変わるのか懐疑的であった。しかし、日本がそれを受け容れるか否かに関わらず、新たな外交思潮の変化は日本を呑みこんでいく。たとえば、新外交の重要な理念の一つである「民族自決」は、やはり新たな国際社会の基本原則となったが、それは植民地を抱える帝国日本の矛盾を鋭く突くものであった。

「民族自決」とは、各民族が政治的帰属や運命を自ら決める権利を有するという考え方である。ヨーロッパでは第一次世界大戦後、この理念に基づいてポーランドやチェコスロバキアなどの独立が認められた。そして、日本にとってもこの問題は、単なる政治思想上の矛盾としてだけではなく、現実の問題として噴出した。それが一九一九年、朝鮮において勃発した三一独立運動である。これは、李太王（高宗。最後の李氏朝鮮国王）の死去をめぐる風説と独立運動家の画策が相まって起こった事件であるが、多くの日本人にとって、韓国併合とその植民地経営は西洋諸国のような苛酷なものではないはずであったから、事件がもたらした思想的な衝撃は小さくなかった。日本国内では三一独立運動を「暴動」と非難しつつも、武断政治への反省も垣間見え、知識人の中には自治主義への転換が必要と見る者もあった。かくしてこれまでの統治政策は見直しを余儀なくされ、いわゆる「文化政治」が採用されるのである。

この文化政治は、新たに赴任した斎藤実朝鮮総督のもとで進められた。現地人の官吏登用や、憲兵政治の見直しが行なわれ、また、教育改革（学制の日本内地準拠や日本語授業の増加など）も行なわれた。さらに、農業開発による経済的テコ入れもはじまる。これらの日鮮融和策はいずれも日本人の「善意」に基づくものであったが、内地延長主義による差別待遇の改善は、結局のところ自治主義とは反対の同化主義にほかならならず、最終的には皇民化政策に行き着くことになる。今日では民族の独自性を奪うものとして、その問題点は誰しもが認めるところであろう。

一方、この文化政治への転換を植民地統治における「アメとムチ」のアメとするならば、当然のことながら、反抗者に対してのムチも必要になる。独立運動家は徹底的に取り締まらなければならなかった。しかし、弾圧はむしろ抗日運動の拡散を引き起こすことになる。

地続きである満洲やソビエトの極東地域に逃げてしまえば、日本の官憲の取り締まりは及ばない。とくにソビエト・ロシア内では、共産主義の影響を受けることが懸念された。実際に、一九二〇年には、朝鮮の抗日ゲリラにより満洲間島の日本領事館が襲撃されているし（間島事件）、極東ソビエト領では、朝鮮系の構成員を含むとされるパルチザンによって、日本の軍民数百人が虐殺されるという悲劇が起こっている(尼港事件)。かくして日本の朝鮮統治には、東アジアレベルでの対応が必要になるのである。

ところで、この頃伊達は何をしていたのかというと、第二次満蒙独立運動から帰国した後、日本で右翼活動に勤しんでいたようである。一九一〇年代の終わりに結成された老壮会や猶存社と人脈を作り、一九二〇年に起こった宮中某重大事件では、頭山満や北一輝らの側について、岩田富美夫とともに山縣有朋暗殺を企てた。これはもちろん実現しなかったが、その無鉄砲ぶりが問題となった。そこで、当時、司法大臣であった大木遠吉は、伊達を朝鮮に厄介払いしようと考えたようである。朝鮮総督の斎藤実は岩手水沢の出身だから、伊達家は主君筋にあたる。伊達はそのコネで朝鮮総督府に就職し、国境警備隊長として新義州に赴任した。一九二一年のことである。

国境警備といえば、拡散する朝鮮の抗日運動を取り締まる最前線である。「文化政治」を新外交という、平和的、人道的な時代への対応策とすれば、そのコインの裏側にあったのが、「ムチ」の力で植民地統治を安定化しようとする彼らということになる。当然、取り締まりにあたる側も命がけであり、時には死傷者も発生した。そうしたなかで、もともとの保守的思考と相まって、伊達は朝鮮人の抗日運動に対して激しい憎悪の念を抱くようになる。

この頃、伊達は捉えた朝鮮人抗日運動家を私的に秘密裏に処刑していたという。その真偽のほどは定かではない。しかし、伊達には、この後も知人の誤射殺害事件であるとか、何かと陰惨なエピソードがつきまとうのもまた事実である。

一九二三年九月、帝都東京を大地震が襲った。関東大震災である。この大きな社会的混乱のなかで、社会主義者や朝鮮人に対しての暴行・虐殺が起こったことはよく知られている。

日本国内には、単なる震災の被害だけではない、政治思想上における大きな動揺も起こっていた。伊達はそうした混乱の渦中にある東京を視察した。この頃、朝鮮総督府では、日本国内の混乱に乗じた抗日運動の活発化を警戒していた。そこで先手を打って弾圧に乗り出そうと張り切ったのが、朝鮮に帰還したばかりの伊達である。伊達は国境を越えた満洲側にある、抗日運動の拠点と思しき集落を襲撃し、良民を含めて虐殺した。さすがにこれはやり過ぎであるとして問題となり、伊達は辞職を余儀なくされる。ごく短い就職期間であった。

ワシントン体制と満蒙権益

朝鮮で問題を起して帰国した伊達であったが、もともと居場所がなく日本を出た身である。帰国したらしたでやはり要注意人物であることに違いない。悪ガキ仲間だった清浦恒通の伝手で、しばらく仲間とともに清浦家の私邸に出入りしていたらしいが、この頃、清浦奎吾といえば首相の地位にあり、やはり伊達たちは追い出されてしまう。結局、面倒を恐れた大木遠吉が再び斎藤実に相談し、伊達の就職先を斡旋しようとした。しかし、もはや朝鮮にも居場所はない。やはり伊達のたどり着くべき場所は満蒙しかなかった。張作霖の顧問で陸軍予備役大佐の町野武馬を通じて、奉天軍に顧問(少将の待遇)として招聘されることが決まった。一九二四年のことである。

かつて張作霖の暗殺を計画していたことを考えれば、伊達の行動は奇妙というべきか、無節操というべきか。一方で張作霖の方も、大して役に立ちそうもない大陸浪人を破格の待遇で招聘するのは、これまた不思議である。この辺の事情を理解するには、当時の東アジア国際情勢についていくらか知識が必要になる。以下、この点を少し説明してみよう。

第一次世界大戦後、「新外交」と呼ばれる新たな外交思潮が生まれることはすでに述べた。パリ講和会議では、様々な利害が交錯したものの、概ねこの新外交に沿って戦後処理が進められ、ヴェルサイユ体制と呼ばれる戦後秩序が発足する。その東アジア・バージョンがワシントン体制である。一九二一年の終わりから翌年の初めにかけて開かれたワシントン会議において、日米英などが参加する海軍軍縮条約、太平洋の現状維持を定めた四国条約、中国の領土保全を確認する九国条約などが締結され、ここに新外交的な東アジア国際秩序が生まれるのである。

日本はこの会議で、かつて対中二十一ヶ条要求で中国に認めさせた借款および政治顧問の優先権などを放棄し、国際社会との協調をアピールした。もっとも、その代わりに満洲における鉄道経営や関東州租借の期限延長は黙認された。これに対して中国で起こったのが旅大回収運動という反日デモである。ともあれ、これ以後、日本は列国と共同歩調をとり、中国への干渉政策を放棄することになる。その後、一九二四年に外相に就任するのが幣原喜重郎である。幣原は駐アメリカ大使時代に全権代表としてワシントン会議に参加しており、対米協調、対中不干渉を厳守して一九二〇年代の日本の外交をリードした。これがいわゆる幣原外交である。

幣原が外相に就任したのは護憲三派による加藤高明内閣のときであり、内にデモクラシーの盛り上がり、外に協調外交と、日本近代史ではまれな、「進歩的」な状況が起こっていた。

しかし、幣原外交にも弱点があった。それが「満蒙特殊権益」である。対中不干渉といっても、中国で排外ナショナリズムが吹き荒れ、さらに内戦が続くなかで、本当に既得権益が維持できるのか。この頃、日本の満蒙における権益は、張作霖との良好な関係によって維持されていた。すでに一九二一年五月、原内閣において開かれた東方会議(後の田中義一内閣のものとは別)では、張作霖を経済的に支援する方針が決まっていた。単なる経済関係であれば内政干渉との批判は受けにくい。その見返りとして張作霖が日本の権益を守ってくれれば、ワシントン体制とは矛盾しない。対中不干渉と満蒙特殊権益を両立する方法はこれしかなかった。ただし、ここにも前提条件が付く。それは張作霖が中央の覇権争いに参加しないことである。張作霖が内戦の張本人になれば、その支援は内政干渉ととられかねない。さらには、もし敗退した場合、日本の権益自体が覆される可能性もある。

ソ連の脅威や資源問題を重視する陸軍からすれば、幣原外交は満足のいくものではなかった。幣原が外相に就任する直前、清浦奎吾内閣下において、陸海外大の各省で協議の末、「対支政策綱領」という文書が作成されていた。そこでは、陸軍の意向により、満蒙の治安維持のためには「自衛」の措置も辞さないことが確認されたのである。この一九二四年は、ワシントン体制の外側にあるソ連――ソ連はワシントン会議の参加国ではなかった――が、あからさまに中国に手を伸ばしてきた年でもある。孫文との間に第一次国共合作を実現し、政治顧問の派遣、経済支援など積極的な関与の態度を見せた。また、北京政府との間には中ソ協定が結ばれて、ソ連の正式承認、中東鉄道の中ソ共同経営などで合意した(同年、奉ソ協定を締結して鉄道の共同経営を開始)。ワシントン体制に拘束されないソ連に対抗するためには、日本もまた完全にワシントン体制に縛られているわけにはいかなかった。

幣原外交は、このような複雑な国際関係のもとではじまった。そして、いきなりその真価が試されることになる。それが一九二四年九月にはじまる第二次奉直戦争である。すでに、ワシントン会議における対日態度をめぐって奉天派(張作霖)と直隷派(曹錕、呉佩孚)は、対立・衝突しており(一九二二年の第一次奉直戦争)、その結果、張作霖が敗退していた。このとき、張は満洲へ逃げ帰り、閉関自治を宣言して保境安民(内政重視)策をとったが、その一方で実は復仇の機会を狙っていた。そこで復仇戦を仕掛けたのであるが、戦況は張の思うようにはならず、山海関付近での一進一退の攻防となった。張作霖の敗退により満蒙に戦乱が及べば、在満日本人に大きな被害が発生する。また、日本の権益自体も危機に瀕しかねない。日本国内では幣原の内政不干渉策への不満が高まり、幣原のもとには、満蒙権益擁護のデモ隊が押し寄せて政策変更を強く要求した。

この戦争は結局どうなったかというと、直隷派の有力な将軍である馮玉祥が突如叛旗を翻し、戦況は一転して張作霖に有利となった。張作霖は直隷派を駆逐し、ついに北京の覇権を握るのである。加藤高明内閣では、結果的に対中不干渉政策が功を奏したとして、これを幣原外交の勝利と見て喜んだ。しかし、この馮玉祥は、表向きは国民軍を名乗って孫文の北上を求めるなど、内戦終結を目指しているかのように見えたが、実際には日本人将校の軍閥顧問が裏で仲介し、張作霖から一〇〇万円を受け取ってクーデターを起こしたのである。言うなれば、幣原外交を破綻させなかったのは、陸軍の裏面工作であったということになる。

このように、ワシントン体制と満蒙権益を両立させるためには、裏面での軍閥の操縦が不可欠となる。ゆえにこの一九二〇年代には、多くの日本人将校などが顧問として軍閥に食い込み、暗躍した。

一方の張作霖からすれば、日本のバックアップは何と言っても内戦を勝ち抜くための大きなアドバンテージとなる。軍閥顧問は日中双方にとっての重要なパイプだったのである。

伊達の存在意義もこの点にあったのではないだろうか。伊達が奉天軍の顧問に就くのは幣原外交のはじまる直前、清浦内閣のときである。清浦といえば貴族院に勢力を持つ政治家であり、順之助の父・宗敦は一九一一年に亡くなっているものの、貴族院議員を長くつとめていた。伊達家の親類やその周辺には貴族院議員が常に何人かいた。また、清浦の息子・恒通は伊達の少年時代からの親友である。この直後に藩閥の時代が終わりを告げ、政党政治の時代がはじまるとは、少なくとも当時の中国人には予測できなかっただろう。順之助の血筋にはいくらかの利用価値がありそうに見えたのではないか。張作霖をコントロールしようとする日本の軍部にとってもパイプが多いことは決して損ではない。

また、あるいはこうも考えることができよう。ワシントン体制下において、日本はあまり派手に中国で動けなくなった。そこでフラストレーションを貯め込んでいたのは、陸軍だけでなく、大陸浪人も同様であった。そうしたなかで、張作霖からすれば、何をしでかすか分からない不穏分子は手元に置いておかねばならない。これは、張作霖にとって保身のために必要な措置であったはずである。

いずれにせよ、戦間期――第一次世界大戦と第二次世界大戦の合間の平和な時期を指す――が帝国主義を否定する平和主義の時代であったとすれば、伊達のような人物は、一見すると時代の趨勢に反するようで、その実、コインの裏側ともいうべき、表裏一体の存在であったことになる。そして、その後も伊達は――自身の認識は別として――時代の裏方として生きていくことになる。より直截にいえば、陸軍の下請けであり、いわば「御用馬賊」であった。それは、ロマンとともに語られる「馬賊」の生き方とはやや異なるものといえる。

＊

一九二九年、伊達は、張作霖軍閥の張宗昌（冒頭で紹介した『夕日と拳銃』で伊達に撃たれた将軍のモデル）と義兄弟を契りを交わし、陸軍の小磯国昭の勧めで中国籍を取得して張宗援と名乗った。満洲事変がはじまると、馬賊たちはにわかに活気づいたが、伊達も関東軍に追随して熱河作戦に参加した。満洲国が成立すると、伊達は少将の待遇で満洲国軍付となった。ただし、これは関東軍の将校の不興を買ったようで、日本では一年志願兵あがりの下士官クラスである伊達が、将官のベタ金の階級章を付けているのを苦々しく思っていた者もあったという。

さらに日中戦争がはじまると、中国人の雑兵を率いて山東に進駐する。山東自治連軍と呼ばれた部隊である。山東はかつて張宗昌がいた地域であり、まだその残党もあったため、伊達の部隊には日中の緩衝材の役割が期待された。直接的な占領統治を行なうとその侵略性が露骨になるからであろうか、この頃、日本の軍部は治安維持などには民間勢力を利用していた。伊達の存在はこの方針に都合のよいものであったようだ。たしかに、伊達の部隊の現地での評判はなかなかであったという。もっとも、この頃の伊達は、生き胆を喰らったとか、捕虜を虐殺したとか、色々と残虐なエピソードを残しているから、その「功績」もいくらか割り引く必要があるだろう。

やがて日本は敗戦を迎えた。すでに伊達は山東の部隊を解散して青島で貿易商をしていたが、捕らえられて息子・宗義とともに収容所に送られた。宗義は釈放されたものの、伊達自身は起訴された。中国人(漢奸)としてではなく、日本人戦犯としてである。伊達は無実を主張したが受け容れられず、結局、死刑の判決が下った。一九四八年九月、刑が執行された。ただ、伊達は刑場でも悠然としており、最後に酒を一杯所望して大笑しながら最期を迎えたという。その死様は有名馬賊としての面目躍如であろう。

参考文献

壇一雄『夕日と拳銃』新潮社、一九五五年
都筑七郎『伊達順之助の歩んだ道』大勢新聞社、一九六四年
伊達宗義『灼熱 実録伊達順之助』蒼潮社、一九七九年
平塚柾緒編『目撃者が語る昭和史』第三巻、新人物往来社、一九八九年
胡桃沢耕史『闘神 伊達順之助伝』文芸春秋、一九九〇年
服部龍二『東アジア国際環境の変動と日本外交』有斐閣、二〇〇一年

第七章　「国策」の最前線——駒《こま》井《い》徳《とく》三《ぞう》

第一次世界大戦が日中関係に与えた影響は大きい。単に西洋諸国がアジアを顧みなくなっただけでなく、満蒙政策のあり方も新たな段階へと進展するからである。それは、一九一五年の南満洲及び東部内蒙古に関する条約（南満東蒙条約）によって得た権限をいかにして活用していくかという、いわば日満関係の具体化の問題であった。そして、そのなかで重要な位置を占める人物が本章の主役・駒井徳三である。

政治史とは、往々にして「偉い人」たちの群像劇として描かれる。したがって、そのほとんどは会議室や議場が舞台となる。とすれば、いかにシリアスな政治ドラマも、所詮は書類の作成過程にすぎないともいえよう。その一方で、そうして「偉い人」たちが決めたことを実現するために努力した人びとの存在は、忘れられがちである。しかし、対外政策、殊に拓殖政策においては、現地で政策を実行していく人材こそ重要であった。なぜならば、日本国内とは異なる自然環境や社会慣習のなかでは、会議室では決定しきれない、それゆえにその

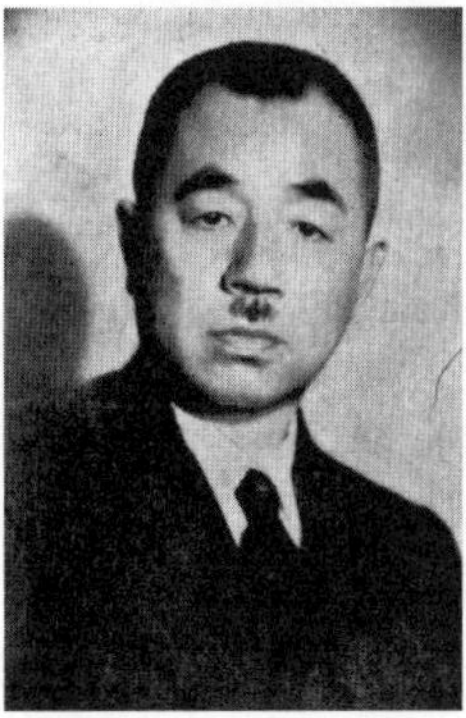

駒井徳三（駒井徳三『大陸小志』大日本雄弁会講談社、1944年）

人物の能力に委ねられる部分が少なくないからである。

満蒙政策におけるその稀有な人材こそ、駒井徳三であった。駒井は一八八五年、滋賀に生まれた。東北帝国大学農科大学(かつての札幌農学校、現在の北海道大学)で農学と植民政策学を専攻し、その卒業論文は『満洲大豆論』として一九一二年に公刊された。新たに世界市場に登場した満洲産大豆に注目して、その用途や商取引、将来性などを詳細に考察したものである。そこで駒井は、日本の国産大豆を関税政策により保護しつつも、肥料としての豆粕の取込みと、油需要を見越して大豆油のヨーロッパ市場への進出を説くのである。

駒井は理系の技術者である一方で、若い頃に杉浦重剛に師事し、また荒尾精に影響を受け、さらには宮崎滔天の『三十三年の夢』を読んで感化されたという、アジア主義・国粋主義者でもあった。杉浦はいうまでもなく国粋主義者の代表的人物であるし、荒尾は陸軍軍人をやめて東亜同文書院の前身である日清貿易研究所を設立した、アジア主義の先覚者である。また、『三十三年の夢』は、宮崎の波乱万丈の半生を綴った自叙伝であるが、そこには孫文の革命活動とそれを支えた日本人の活躍が描かれている。革命家・孫文の名を広く世に知らしめる上で、重要な役割を果たした著作として知られる。

かくして駒井は中国大陸に大志を抱く。ここに、駒井の植民地経営論と大陸ロマンが重なるのである。いわばエンジニアと大陸浪人のハイブリットである。彼の満洲への想いは決して大豆云々に尽きるものではない。駒井はこの頃生まれた自身の娘に満洲野と名づけているくらいだから、思い入れの強さがわかろう。そして、そうした情熱は、「満洲国」に結実する。彼は満鉄社員というサラリーマンから新興国家・満洲国の実質的トップの座に登りつめるという数奇な運命をたどるが、それはまさに彼が、渡満以来、日本の大陸発展の最前線に立ち続けていたことによる。

満蒙政策の本格化

駒井が満鉄に入社したのは一九一二年のことであった。そもそも、駒井は卒業論文の作成にあたって満鉄の協力を得ており、満鉄への就職は当然の流れであった。また、『満洲大豆論』の出版は、札幌農学校の後輩にあたる新渡戸稲造の口効きで、東亜経済調査局に出入りするようになったのがきっかけであったからやはり満鉄とは因縁が深い。ところで、新渡戸といえば、ちょうどこの少し前、東京帝国大学ではじめて植民政策学の講座が設けられ、それを担当している。植民地政策に学問的アプローチが導入されようとしはじめた時期であり、駒井の存在もまた、その知の体系の周縁に位置付けられるのかもしれない。

たしかに満鉄にもそうした「科学」の導入がはじまっていた。公主嶺に満鉄の農事試験場ができるのが、一九一三年のことである。その設立には入社したての駒井が参画していた。駒井の回顧録によれば、試験場の設立費用は百数十万円であったが、大豆による満鉄の運賃収入が年一五〇〇万円ほどあり、もし研究の結果、大豆が一割増産できれば一五〇万円の増収になるのだから、それくらいは安い投資だと説得したのだという。この試験場では、大豆の増産はもちろんのこと、日本人の主食である米の品種改良なども研究している。こうした「知」の蓄積は、その後、満洲国期に花開くことになる。この公主嶺農事試験場は、満洲国の国立農事試験場へと受け継がれていく。

また、この時期は、制度面における満蒙経営の画期でもあった。駒井の入社から三年後の一九一五年、日本は南満東蒙条約の締結により満蒙権益を拡大し、満蒙において内地雑居・土地買収を大々的に行なえるようになった。そこで満蒙開発が喫緊の課題となり、満蒙経営体制に大きな見直しが行なわれた。まず、関東都督、満鉄、領事館の三頭体制を是正するために、満鉄では総裁が廃止されて理事長がトップとなり、関東都督の「統裁」を受けることになった。また、都督府の高等官は一定の条件のもとで満洲の領事官への特別任用が可能になった。さらに、政府中央でも首相直属で拓殖局が設けられ、外地行政の統合が図られている。この頃日本では、一元的な外地行政体制が確立されようとしていたのである。

そうしたなかでもとくに重要なのが、植民地金融の充実である。それまで、横浜正金銀行が満洲特別貸付に五〇〇〇万円の枠を設定していたが、あまり有効に活用されていなかった。そこで、満蒙における土地事業のために、新たに朝鮮の東洋拓殖株式会社(東拓)が事業範囲を拡大したのである。東拓は農業金融を主要事業の一つとする会社である。さらにこれを後押ししたのが、第一次世界大戦下における大戦景気であった。潤沢になった資本が満蒙にも波及し、バブルの様相を呈しており、そうした好景気を背景に積極的な投資が行なわれるようになるのである。

駒井が満鉄に入社した時期は、様々な面において満蒙政策の転換期であったといえる。科学的に、制度的に、そして経済的に、駒井が思う存分に腕をふるう条件が整っていたのである。なんといっても、満鉄はいかにも植民地経営会社らしい、融通のきく鷹揚な会社であった。家族主義を掲げて団結力があったし、トップダウンで即断即決が可能であった。

駒井の満鉄在職は八年間ほどであるが、その間、彼は実に五年余りを調査旅行に費やすことができたのである。異例の待遇はこれにとどまらない。たとえば、出社時間は普通九時のところを、彼は幹部クラスと同等に午前一一時頃であった。あるときそれを責められた彼は、他の社員はのんびり仕事をしているけれども、自分は夜中まで研究を重ねているから朝は起きられないのだと開き直った。さらにはその際、年功序列を批判して、実力重視による昇格すら要求する図太さであった。ちょっと人格的に問題がありそうな気もするが、そういった人物がなんとなく受け入れられていたことに、古き良き時代が感じられる。

もちろん、彼はただ高待遇に甘えていたわけではなく、入社間もなくから常に満蒙政策の最前線で活躍していた。たとえば、一九一三年には満蒙五鉄道契約が結ばれるが、これは日本の東部内モンゴル進出の重要な足がかりとなるものであった。そこで、一九一四年、その敷設地点の実地調査のために陸軍、外務省、満鉄の合同で調査隊が派遣されたが、駒井はそれに満鉄の代表として参加している。モンゴル方面への鉄道敷設は、満鉄の事業経営の将来を占う上でも非常に重要なものであった。なお、中国政府の公式の許可を得た日本のモンゴル調査としては最初のものであるという。

また、一九一三年頃の事と考えられるが、駒井は理事の犬塚信太郎にある特殊な指令を受けた。それは満洲で秘密裏に土地を買ってまわるというものであった。犬塚は寡黙でありながらも話の分かる、さらには金銭にとらわれないタイプで、部下からの信頼があつく、駒井もまた彼を慕っていた。駒井が飲んだツケを、何も言わずに払ってくれていたというから、まさに理想の上司である。その犬塚がなぜ満洲での土地買収を命じたのかというと、日本人の満蒙における内地雑居・土地所有が認めらておらず、ゆえに経済活動が制限されている状況を問題視して、その解決のきっかけをつくるために外交問題を惹起しようとしたのだという。駒井は後年これを回顧して、「土地問題が喧しくなつて来ると、日本外務省でも対岸の火災視してゐられず、つい乗り出して来る。これが大正四年のいはゆる対支二十一ヶ条要求の一つである土地商租権の獲得といふこととなつた」（駒井『大陸小志』）と、二十一ヶ条要求の裏面の消息を洩らしている。

国策と満蒙

駒井はこうして満鉄入社以来、日本の満蒙政策の最前線において、実働部隊として活躍してきた。そして、その存在価値が最も高まったのが、第一次世界大戦が長期化する時期であった。なぜならば大戦が長期化すると、その長期持久の戦いを勝ち抜くためには、資源供給体制の確立が喫緊の課題と認識されるようになったからである。いわゆる「総力戦」思想のはじまりである。たとえば、第二次大隈内閣の末期には、経済調査会という政府諮問会議が設置され、戦時期のみならず戦後までを見通して、国際経済体制にいかに対応するのかが話し合われたが、そのなかで議題の一つとなったのが資源問題であった。イギリスをはじめとする参戦国の戦時貿易統制によって、直接戦闘に関係のない日本も経済面で大きな影響を受けていた。原料輸入の遅滞が大戦の影響の重大性を認識させたのである。

ところで日本政府では、この頃から、内閣ごとに総合的な諮問会議が設けられるようになる。各方面の利害を調整し、国家としての方針――つまり「国策」が決められるのである。もっとも、この場合の「国策」は、太平洋戦争の直前に策定されたような、具体的な戦略や軍事方針を意味するものではない。それは主として経済政策について、各方面の意見を調整・統括し、国家的目標を達成するための長期的計画を定めるものである。しかし、明治までの日本には、「国是」はあっても「国策」はなかった。大きな時代の転換を象徴する用語なのである。

こうして「国策」が求められるなかで、大きくクローズアップされるようになるのが外地である。かくして、日本「帝国」圏において再編が起こり、朝鮮や台湾などに対して日本本国との有機的な結び付きが求められるようになった。たとえば、朝鮮では一九二〇年より産米増殖計画がはじまり、日本内地向けの米移出が増加する。朝鮮への経済支援策と日本内地の食糧問題への対応を兼ねた政策であった。そして、満蒙への投資が本格化するのもこうした状況下のことであり、とくに関心が集まったのが、新たな権益が設定された東部内モンゴルである。この地域は日本人から見て満洲より奥地にある、いわばフロンティアというべき土地であった。

これに真っ先に手を付けて大々的な投資を行なったのが、植民地金融機関として満蒙に進出した東拓である。東拓は、最初に着手すべき事業として、この地域における土地買収を計画した。なぜかというと、この頃、日本の資源問題として注目されていたのが羊毛だったからである。日本では歴史的に、あるいは気候風土的に綿羊の飼育がなされてこなかった。羊毛の需要が本格化するのは、近代以降のことであり、官服、特に軍服には羊毛が欠かせなかった。しかし、日本ではそのほとんど全てを、オーストラリアをはじめとするイギリス圏からの輸入に依存していたため、大戦によるイギリスの貿易統制がはじまると、供給不足に苦しむことになる。こうしてモンゴルに注目が集まったのである。もっとも、モンゴルには羊がいる、というのはかなり単純な発想であり、繊維原料としてのモンゴル

公主嶺試験場の羊

羊の利用には、綿羊としての品種改良が前提条件となった。なぜならば、モンゴルの羊は主として肉用で、メリノー種などに比べて著しく毛質が劣るからである。そして、ここに駒井の活躍の舞台が存在するのである。

東拓が農業を主とする会社だとしても、全く未知の土地である満蒙において、土地買収を行なうことは容易ではない。というわけで、東拓が満蒙での土地事業をはじめるとき、土地の選定を委託したのが駒井であった。すでに述べたように、満鉄の土地買収にも駒井は関わっていたから、二系統の満蒙経営機関が、実は末端で駒井に行き着くことになる。さらに駒井は、羊毛改良事業にも自信を持っていた。なぜかというと、公主嶺農事試験場における研究テーマの一つが、このモンゴル羊の品種改良だったからである。「研究」と「実践」の橋渡しをしていたのが駒井であった。

この頃政府内で羊毛問題について議論していたのが政府拓殖調査委員会である。これは、寺内内閣が設立した、外地行政における統一方針を策定するための諮問会議であり、いわば国策決定のための重要機関であった。後藤新平を委員長とする同会では、満蒙における綿羊改良事業と、さらに中国羊毛市場の掌握および製造拠点の確立を提言していた。一九一八年七月のことである。政府のお墨付きを得たことで事業計画にはずみがつき、間もなく満鉄や東拓、そして茂木商会の資本参加によって満蒙毛織株式会社が設立される。奉天に本社を構え、当時の満洲では異例の資本金一〇〇〇万円という大会社であった。同社には陸軍からの資金補助や軍服の発注などに加えて、千住製絨所からの設備の供与といった優遇策がとられた。

一方、駒井の工作などによって、東拓が東部内モンゴルで売買契約を結んだ土地は、面積にして一〇万町歩、価格にして二〇〇万円近くにおよんだ。その主要地点は満洲と内モンゴルとの境界に位置する通遼一帯であるが、こうした土地を、モンゴル王公の領地払い下げに参加するなどして、買収していったのである。一〇万町歩といえば、東京ドームで表わすと、二万個以上の広大な土地である。駒井はこれらの土地を実地に検分した結果、農業の適地と見込んでいた。

かくして満鉄でも東拓でも、駒井の工作によって広大な満蒙の土地を獲得した。しかし、こうして日本の土地進出が積極化すると、当然のことながら中国側では警戒感を抱かざるをえない。日本側が買収した土地は、いずれも中国官憲の妨害に遭った。ここに満洲事変の主因とされる、日中間の土地権利関係の係争、いわゆる土地商租権問題が起こるのである。

一方、日本側でも、大戦が終結する頃になると、一転してこうした事業の見直しを図ろうとする動きが現われる。満鉄では政友会の政権獲得にともなって、一九一九年に幹部人事の刷新があり、政友会系の野村龍太郎と中西清一が総裁、副総裁に就任する。この経営体制のもとで、一九二〇年の反動不況をきっかけに経営の効率化が図られる。満鉄の国策中心主義は転換を余儀なくされ、営利化が進むことになるのである。さらに東拓でも一九一九年に幹部人事の交代があり、対満蒙経営方針を転換している。満蒙進出積極派の高瀬梅吉理事が更迭され、反対派の川上常郎理事が満蒙事業の担当となった。これをきっかけにモンゴル方面への土地事業が見直される。

こうした内外の事情が重なり、満鉄と東拓で既買収地の一本化を協議した結果、その土地を統轄すべく一九二一年に設立されるのが、東亜勧業株式会社である。資本金二〇〇〇万円、満鉄と東拓が資本参加し、関東都督府と朝鮮総督府が補助金を支給するという特殊会社であった。事業内容としては、在満朝鮮人を雇用しての水田経営と、東部内モンゴルにおける綿羊改良を目論んでいた。この東亜勧業の設立には駒井も関わっていた。

ところで、原敬内閣では、一九二一年五月に東方会議という植民地長官や外交官、軍司令官を集めた会議を開き、東アジア政策の基本方針を定めた。満蒙に関しては、東三省の実権を握る張作霖を支援することが決まる。ただし、それは単なる満蒙政策上の要請からだけでなく、朝鮮統治上の意味をも含んでいた。つまり、張作霖政権を通じて在満朝鮮人の安定化を図ることで、思想悪化や抗日運動の拡散を抑止しようとしたのである。そこで、東亜勧業の事業が在満朝鮮人の保護に意義があるとして、公的支援が認められた。実は、東亜勧業は満鉄と東拓が不良債権化した土地を切り離すために設立しようとした会社であったが、そのためには東亜勧業への政府補助の約束が必要であり、方策に悩んでいた。そこで「在満朝鮮人保護」という「看板」を思い付いたのである。このように、東亜勧業は消極的な理由から設立されたのであるが、結果的に国策会社としての性格が強調されたことで、中国からは侵略の尖兵のように見られて警戒されることになる。ともかく、駒井の積年の苦労は紆余曲折を経て国策会社・東亜勧業の設立に結びつくのである。

大正デモクラシーから満洲国へ

駒井の活躍は、これまで見てきたように、大戦期という時代的特性によるところが大きかった。ゆえに大戦が終結すれば変化が起こる。その象徴的な出来事が先に見た満鉄の経営方針転換である。一九一九年の満鉄幹部の人事異動の時、駒井はちょうど中国各地を視察していたが、帰ると社内の状況は様変わりしていた。駒井はその様子を、「満鉄でも幹部の顔触れが一変して、……政党的色彩の濃厚な人達ばかりになつてゐる。これではたゞ政党的の立場からものを考へ、ものをいふのみで、私の意図する大陸政策に興味を覚え、これを了解することは出来ない」(『大陸小志』)と述懐している。政友会の進出にともなう満鉄の営利会社化によって、満鉄は駒井にとってかなり居心地の悪い会社になってしまったようだ。かくして駒井は一九二〇年に満鉄を去り、外務省の嘱託に就いている。

駒井にとってさらに不利だったのが、日本の政治経済状況である。大戦後の日本は、慢性的な不況に悩まされつつも、大正デモクラシー、つまり政治の民主化が進んでいった。

戦後不況のなかで政権を担った政党勢力は、国民の支持を得るために、予算の緊縮、ムダの削減に努めた。そうしたなかでは「国家百年の大計」など到底顧みられない。朝鮮や台湾のような日本帝国の「内側」ならまだしも、満蒙は中国の一部、つまり「外側」である。また、国策による長期計画自体、政権交代をともなう政党政治期にはそもそも機能しにくいものであった。かくして国策は、冬の時代を迎えるのである。

外交面でも駒井にとって望ましくない状況が出現していた。この大正デモクラシー期に長く外相をつとめた幣原喜重郎は、現在でも平和外交を推進した人物として高く評価される。しかし、日本の大陸政策を「外交」と「拓殖」の二つに分けて分析した場合、幣原外交には決定的に「拓殖」が欠けていたといわざるを得ない。幣原は確かに満蒙特殊権益を否定しなかったけれども、満蒙開発を積極的に進めることもなかった。アメリカとの協調政策を重視する幣原は、中国をめぐる現状維持的な国際的合意枠組であるワシントン体制を守り、対中内政不干渉を堅持した。簡単にいえば、「外交」をうまく機能させるために、「拓殖」に対して抑制的だったのである。

一九二〇年代の東アジアを覆うワシントン体制は、日本が中国大陸への干渉に抑制的であることではじめて成立する。そのためには、前提条件として日本の満蒙権益が安定的に維持されなければならない。しかし、一九二〇年代の後半には、そこに動揺の兆候が見えるようになる。それが一九二五年の郭松齢事件である。これは、張作霖配下の郭が、内戦の最中に突如叛旗を翻して張に下野を要求した事件であるが、裏面の状況はやや複雑であった。まず、背後で郭を操縦していたのが、ソ連と関わりがあるという軍閥の領袖・馮玉祥であった。こうなると、クーデターの成功は、ソ連の影響力が満蒙に浸透することを意味する。さすがの幣原も日本の軍事的介入を容認せざるを得ない。

一方で、郭はあらかじめ日本側に満蒙奪取の計画を打診していたという。その相手の一人が駒井であった。軍事演習の視察のために訪日した郭は、駒井のもとを訪ねて、張作霖による内戦の継続に不満を述べ、張作霖排斥の計画を明かした。駒井はこれに賛同し、国内で種々奔走し、一時は宇垣一成陸相の同意を得たという。ところが、駒井の回想によれば、田中義一が張作霖支持論を枉げず、ついに宇垣も変心した。それでも駒井は渡満して郭のクーデターに参加しようとしたが、当局に止められて果せなかった。駒井はその精神的ダメージから不眠症にかかって熱海に閉居してしまう。

ところで郭松齢事件の顚末はどうかというと、関東軍の介入に気勢を削がれた郭は、張作霖の反撃を受けて捕縛され、処刑された。こうして満洲の治安は結果的に維持されたわけだが、それは決して結果オーライというわけにはいかない。なぜかというと、幣原外交では結局のところ、満蒙特殊権益を維持できないということが証明されたからである。ワシントン体制自体、極めて不安定なものになりつつあった。

そもそもワシントン体制の遵守と張作霖支持策は表裏一体の関係にあった。それは、満蒙特殊権益の維持を直接的な政治力の行使によって実現するのではなく、張作霖をコントロールすることで間接的に果すものだったからである。しかし、張作霖は中国の覇者たらんとする野望を抑えることができず、日本の統制に服さないようになった。一九二七年に政権を獲得した政友会の田中義一首相は、それでも張作霖支持を堅持したが、結局、関東軍が張作霖を列車ごと爆破して殺害してしまう。東三省(満洲)政権を受け継いだ息子の張学良は、日本への敵意を剥き出しにした。ここに現地実力者の支持という、大戦期以来の満蒙保全のあり方が見直しを余儀なくされる。それは保全論のもう一つの形、つまりは武力行使による権益維持路線の復活を意味するものでもあった。満洲事変への道はここに開かれた。

満洲事変が勃発すると、駒井は陸軍省軍務局長であった小磯国昭少将の斡旋で、満洲に渡った。といっても私財を擲《なげう》ってのことだから、駒井自身の強い意志によるものである。事変当時の関東軍は、ごく単純な満蒙領有論に基づいて行動していたようだが、さすがにそれでは国際関係上、あまりにも

満洲国政府組織表（1932年3年）

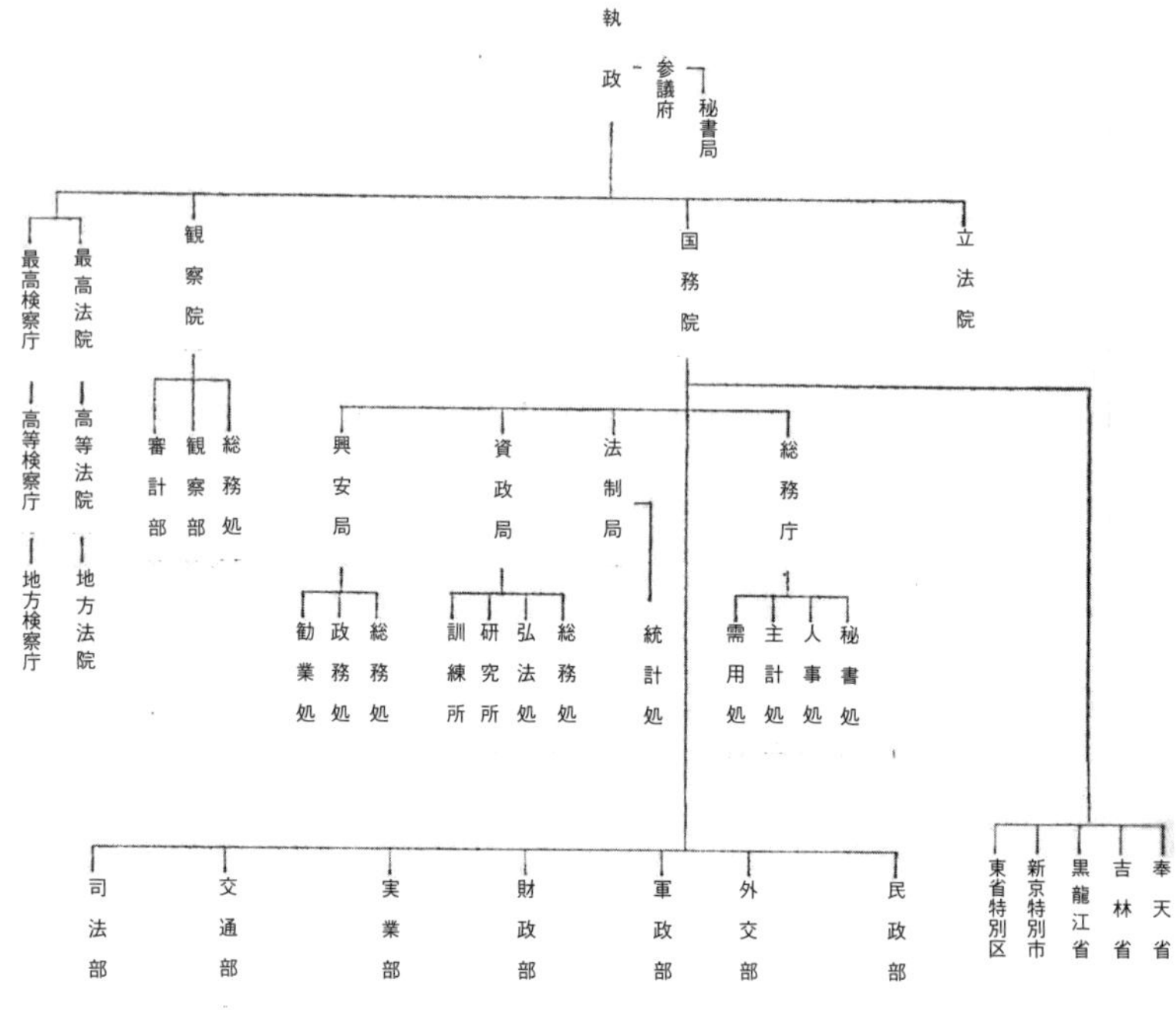

満洲国の組織図（満洲国史編纂刊行会編『満洲国史』各論編、満蒙同胞援護会、1970年）

問題が大きい。そこで、陸軍中央の意見を容れて独立国構想に転じた。となると、軍主導のみでは問題があり、民間側の自主的参加が必要になる。

かくして関東軍に設置されたのが、各地にできた臨時政権をまとめるための組織である統治部であった。駒井はその統治部長となり、馬占山の説得工作に同行するなど、関東軍に協力した。そして、満洲国建国にむけてのマスター・プランの作成に取り組んだ。

一九三二年三月、満洲国の建国が宣言され、駒井は総務長官に就任した。総務長官とは国務院の下に設置された総務庁という部署のトップである。満洲国では日本の傀儡性を覆い隠すために、各部署の長官には満系を置くなど、日系官僚の登用に制限が設けられていた。しかし、それは建前に過ぎない。なぜなら人事と会計という国家の中枢をつかさどっていた総務庁は、例外的に日本人が掌握していたからである。それは、王道楽土・民族協和を謳う満洲国の裏面にある、傀儡国家としての性格を如実に表わす組織であったといえる。駒井はその満洲国の心臓部を牛耳っていたのである。

駒井は満洲国が日本人主導の国家であることを隠さなかった。日系官吏の給料が満系より何割か多く設定されていることについて、満洲国を建国したのは日本人なのだから当然であると主張し、満系の幹部を威嚇したことすらある。当然のことながら、満系にはかなり嫌われ、鄭孝胥国務総理はそれが原因で国務会議に参加しなかったほどである。もっとも、駒井はそのいざこざが理由となって、日満議定書の交換を目前に総務長官を辞任し、参議府の顧問に転じる。事実上の左遷であり、短い栄華であった。

ところで面白いのは、駒井が、右のように満系への蔑視を強く抱く一方で、日本から官僚候補としてやってくる人びとにも反感を隠さなかったことである。単に満系を見下すだけならば、ただの差別主義者ということになる。しかし、おそらく駒井の内心はそのような単純なものではなかった。それは、多くの満洲国参加者が王道楽土・民族協和という理想国家の建設を叫ぶなかで、彼なりの別の理想があったことによると考えられる。彼が鋭く噛みついたのは、自身の理想実現を邪魔する存在であった。では、彼の理想とは何か。それは満蒙という広大な大地――つまりは真っ白なキャンバスに、自身の思い通りの絵を描くことではなかったのだろうか。植民地経営において「研究」を「実践」に移し得る稀有な存在としての大きな夢が、そこにあったように思われる。

*

結局、駒井の夢は、実現半ばで挫折した。駒井が帰国するのは、一九三三年のことである。それは半生を捧げた満洲からの離別であった。以後、駒井は康徳学院という私塾を設立して人材育成に携わるが、政治的には特に目立った活躍をしていない。しかし、このことは、彼の生涯から見れば、決して嘆くべきことではなかったようだ。なぜならば、日本の敗戦によって、「侵略」の関係者に戦犯の嫌疑が及ぶようになったとき、彼はいち早く満洲国から手を引いていたために、責任を問われなかったからである。彼は占領期を無事に過し、一九六一年に亡くなった。

参考文献

駒井徳三『満洲大豆論』東北帝国大学農科大学内カメラ会、一九一二年
駒井徳三『大満洲国建設録』中央公論社、一九三三年
駒井徳三『大陸小志』大日本雄弁会講談社、一九四四年
駒井徳三『大陸への悲願』大日本雄弁会講談社、一九五二年
蘭交会編『麦秋 駒井徳三』音羽サービス・センター、一九六四年
三輪公忠編『日本の一九三〇年代』彩流社、一九八〇年
佐藤元英『近代日本の外交と軍事』吉川弘文館、二〇〇〇年

第八章　「満蒙問題」と在満邦人——守田福松《もりたふくまつ》

日中親善——それは近代以降、常に日中双方の政治家が口にし、現在まで幾度となく繰り返されてきた言葉である。しかし、本当の意味でのその実行は容易ではない。日中間には常に虚々実々の駆け引きがあり、現実には、笑顔を浮かべながらも腹の探り合いをしている。もっとも、政治家であればそれも当然であろう。問題は民間レベルにおいてもそれが実現できなかったことである。戦前、中国に住む日本人は多くあったが、子供の無邪気な交流は別として、ほとんどの日本人は、日本人のコミュニティのなかにとどまり、中国人と真に打解け、中国社会と交わろうとはしなかったのである。中国に暮しながら、言語すら不通であるのが当たり前であったという。

守田福松（菊池武十郎・中島一郎編『奉天二十年史』奉天二十年史刊行会、1926年）

そもそも、現在でも中国人の社会は、外国人が参入し、溶け込むのがなかなか難しい。

そこには、かなり強固な社会的、文化的慣習が存在するからである。それは、時代が遡ればなおのことである。かつて一九世紀の後半、満洲に伝道のために移り住んだクリスティという名のイギリス人がいた。クリスティは医師であり、長く満洲奉天に住んで布教を行なうかたわら、現地のために医療活動に従事した。しかし、そこには迷信と西洋への誤解にもとづく偏見がつきまとった。中国が「近代」に目覚めていくなかで、クリスティの活動も徐々に理解されていったが、その道は決して平坦なものではなかった。

このように中国の社会に飛び込み受け容れられてこそ、真に友好を実現したといえるだろう。日本にそうした人物は決して多くないが、少なくとも本章でとり上げる守田福松はその一人であるといえる。守田は一八七六年、熊本に生まれた。軍人の道に進み、もともと騎兵であったが、義和団事件で看護卒をつとめ、これを契機に医学を志した。熊本医学専門学校を卒業後、日露戦争には三等軍医として従軍した。語学の才があったらしく、ドイツ語はもちろん、中国語にも堪能であったため、法庫門衛生病院の顧問医に任命された。

それは一九〇六年四月、つまり満洲がいまだ軍政下のことである。撤兵に際して、現地から医師の招聘を依頼された第三軍司令官の乃木希典は、石黒忠篤軍医総監の推薦で守田を指名し、守田は現地に残った。これをきっかけに乃木の知遇を得た彼は、日中親善を重視する乃木の意志を引き継いで、現地との融和につとめるのである。

守田はこれ以降、長く満洲にあって医療に従事し、中国高官のあつい信頼を得た。また、奉天居留民会長もつとめているから、在満邦人を代表する存在でもある。まさに日中の架け橋というべき人物であった。もっとも、彼に関する資料は決して多くない。きちんとした伝記もないし、まとまった資料も存在しない。しかし、彼は歴史の大きな流れのなかに度々姿を現わし、また、同時代に生きた人びとは彼を高く評価するのである。時代に埋もれた人物ではあるが、それゆえに本書で取り上げるのに相応しい人物であるともいえるだろう。

医療と満洲

守田が医師、つまり医療にたずさわる人間であったということは、彼の歴史的役割を考えるうえで重要なポイントになる。医療とは、西洋近代が世界に拡大していくうえで、特別な役割を果たすものであった。近代医療は西洋を代表するものとして、多くの場合、進出先では忌避されたが、その効果が認識されれば、今度は「西洋」を受容するための大きな原動力になり得る。医療行為とは直接相手の身体に触れるものであり、そこに信頼関係が生まれやすいということもあるだろう。植民地経営に医療は不可欠の要素であった。

満洲における近代医療のはじまりは、前述のクリスティであろう。しかし、本格的に導入されるようになるのは、日露戦争後のことである。それは日本の軍政下においてであった。日露戦後の日本の満洲軍政は、イギリス、アメリカの猜疑や清国の抗議を引き起したため何かと評判が悪いが、とくに衛生面について見れば、負の側面ばかりを強調するのは適当とはいえない。その活動は、医療はもちろんのこと、屠殺場や市場の設置など、公衆衛生全般に及んでいるのである。もっとも、それは軍隊という巨大な組織には疫病の流行が大きな脅威となるからであり、友好事業としてのみ行なっていたわけではない。かつて日清戦争の死者のほとんどが病死であったことは、あまりにも有名である（感染症だけでなく、脚気も大きな要因であるが）。

日本の撤兵と入れ替りに活動を始めた満鉄でも、医療には重きを置き、病院の設置だけでなく、一九一一年には奉天に南満医学堂という医学校を設立して日中の人材育成にもつとめた。この学校は、一九二二年に満洲医科大学に改編される。満洲国成立以前、満洲において日本が設立した高等教育機関は、この満洲医科大学と旅順工科学堂を前身とする旅順工科大学の二つのみである。これは日本の満洲経営のあり方を露骨に象徴していて面白い。経営の拠点となるべき関東州租借地では植民地建設に必要な人材を育成し、中国側の政治的中心地であり、日本から見れば満洲における日中関係の最前線となるべき奉天では、宣撫・懐柔の意味から医療を活用したのである。

守田が満洲においてその名を知らしめるきっかけとなったのが、一九一〇年から翌年にかけて起こったペストの流行であった。このペストはロシアとの国境の町である満洲里からはじまり、南満洲にまで至った。病死者は五万人を超えたという。満洲の当局が防疫活動にあたったのはもちろん、日本もこれに協力した。日清両国には共同防疫会議が開かれ、日本から応援の医師が派遣された。また、北里柴三郎が調査活動とペストの国際会議参加のために奉天を訪れ、満鉄も積極的に防疫活動に取り組んだ。そうした活動のなかに守田もいた。ちょうどこの頃、守田の父は病床にあって危篤状態だったが、守田は満洲での医療活動を優先したという。このとき、クリスティも身を挺して活動し、同僚が犠牲になっている。

ところで、このペストの流行は、実は満洲の近代化と関係するものであったという話がある。ペストを媒介したのは満洲からシベリアにかけて生息するマーモット(大型のげっ歯類)の一種であるが、これまで、満洲人の間で爆発的に流行することはあまりなかった。

なぜかというと、長くこの地域に住む満洲人は、経験的に感染を抑える術を知っていたからである。

この動物の毛皮は珍重され、貴重な交易材料であったが、満洲人は罠をかけて獲ることをせず、必ず矢で仕留めるようにしていた。また、病気で弱っているものは獲らないなどの不文律もあった。こうして長らく感染が抑えられてきたが、満洲への漢民族の流入が進むとそうした慣習は無視されてしまい、その結果、ペストが爆発的に感染を拡大した。つまり、清朝の植民実辺策の意外な副作用だったというのである。

当初、満洲現地の人びとは、疫病の流行を外国人の侵入と関連付け、排外的な態度をとった。たしかに、疫病は鉄道をたどって流行を拡大したから、その猜疑は理由のないことではない。しかし、やがて外国人、なかでも日本人の活動は大いに認められ、現地の人びととの信頼を得た。すでにクリスティに対しては、日露戦後間もなくの奉天開放以来、現地当局が近代化政策を推進するなかで、医院や学校の設置などについて支援していたが、このペスト流行後、守田の活躍に対しても同様に高く評価し、清国政府からは勲章が授与された。さらに一九一二年、満鉄の大連病院奉天分院が奉天医院と改められ、南満医学堂の付属病院となると、奉天医院では新たに奉天城内診療所を設置した。そこで所長に任命されたのが守田であった。かくして守田は中国社会のなかで確固とした地位を築いていく。守田はいわば「日本のクリスティ」ともいうべき存在であった。

奉天という町

ここで、守田が長く住むことになる奉天という都市の歴史的位置付けについて説明しておこう。奉天は満洲の政治の中心地である。清朝が万里の長城を越える前に都を置いた場所であり、清朝が「中

奉天の市街図（新光社編『世界地理風俗大系』第1巻、新光社、1932年）

華王朝」を継承した後も、満洲の政治を掌る地として、将軍が駐在していた。清朝は、各支配地域ごとの制度・慣習を重んじ、それを維持する統治方法をとっていた。漢民族には従来の中華王朝の政治システムを、モンゴルにはモンゴル王公の統治を認めた。チベットも同様である。満洲でも八旗による支配を継続し、基本的に漢民族の流入を禁じて、満洲人の伝統を守ろうとしていた。

しかし、長らく閉ざされた地域であった満洲にも、一九世紀末には西洋の影響が及ぶことになる。それは、北からの脅威、つまりロシアの南下政策によるものであった。ロシアは、シベリア鉄道のショートカットである東清鉄道の建設、続いて旅順・大連の租借、さらにはそれを東清鉄道と結ぶ南満洲鉄道の敷設、といった具合に急速に満洲進出を図った。

日本やイギリスがこれに警戒感を示したこと

はいうまでもない。かくして、満洲は、またたく間に東アジアの火薬庫に変貌する。義和団事件をきっかけにロシアが満洲を占領すると、ついに日本との間に戦争が起こる。このようななか、清朝政府が行なったのが、開放政策による侵略の抑止であった。たとえばロシアの満洲占領期には、日英米との通商条約改定交渉のなかで、奉天をはじめとする満洲のいくつかの都市の開放を認めた。つまり、列国を利用した対露牽制策であり、「夷をもって夷を制す」という中国の伝統的外交手段を採ったのである。結局、奉天の開放が実施されるのは日露戦争後のことであった。

奉天の城壁

奉天という都市は、こうした満洲の歴史的経緯を如実に示す、典型的な構造になっている。地図を見ると、まず城壁で囲まれた中国式の町があり、そこからやや離れて駅舎とその付属地がある。そして、それを結び付けるように、商埠地と呼ばれる、外国人に開放された区域が存在するのである。城内は中国式の碁盤目状であり、一方の鉄道付属地の街路はヨーロッパ式の放射線状になっている。中間にある商埠地は、雑多な人びとが住みついて自然発生的に街並みが形成されたというべきか。開放当初、日本人が多く住みついたのが十間房あたりである。なお、現在の瀋陽もこの構造を残しており、駅を中心とする放射線状の街路の先に、旧奉天城(小さな故宮)があり、観光スポットになっている。ちなみに現在の瀋陽駅は旧奉天駅舎を使用しており、日本の歴史的建造物である。

日本人の居住者は日露戦前から幾人かあったが、ほとんどは日露戦後の移住者で、草分け的な人物としては、一九〇〇年から居住し、写真館を営んでいた永清文次郎、そのやや後に奉天に来た、満洲太郎こと鶴岡永太郎などがある。

奉天西門楼上から見た奉天城内（大本営写真班撮影『日露戦役写真帖』第20巻、小川一真出版部、1905年）

一九〇六年には奉天居留民会が結成されるが、当初、会員は一六〇〇名、その後、奉天の商埠地、城内に居住する日本人は大正期を通じて二〇〇〇名程度で推移した。さほど人口が増加しなかったのは度重なる中国側の排日行為が原因であったとされる。奉天はたしかに政治的に重要な都市ではあった。しかし、日本の満洲経営の基本方針はあくまでも大連中心主義であり、大連は政策的に優遇されていた。それは一方の奉天居留民からすれば不満の募るものであった。一見すると、日本がロシアの大連中心主義を受け継いだのは、必然的であったようにも思える。しかし、ロシアから見て「先端」に位置する大連も、日本が中国大陸に発展していくためには、むしろ「根元」であり、退嬰的とすらいえるのである。奉天側の満洲政策への不満は、積極的満蒙発展策と結び付きやすい側面があった。

そうした日本の満蒙政策に動揺を与えたのが三線連絡計画であった。詳しくは第二章をご覧いただくとして、日本と満洲を、朝鮮経由で結ぼうとするこの計画は、満洲における中心地の変更をも意味するものであった。なぜなら、安奉線(安東―奉天)がメイン路線となることで、奉天が大連に代って満洲経営上の最重要地点になるからである。ゆえに寺内内閣期の鮮満一体化政策は、奉天にとっては有利な状況を導くものであった。この時期に設立された国策会社である満蒙毛織、東亜勧業はいずれも奉天に本社を置いている。満鉄本社の奉天移転運動が起こったのもこの頃のことであり、その結果、満鉄の運輸事務所(後に鉄道事務所)が奉天に置かれるようになる。

日本占領後の奉天(『日露戦役写真帖』)

さて、先ほど述べたように、守田は奉天城内診療所の所長だから、中国人居住地域に赴任したことになる。当然患者も中国人である。守田はここで、多くの中国人から信頼を得た。一九一六年に満鉄病院を辞して自ら開業すると、その頃権力を確立しつつあった張作霖政権の高官が、守田のもとに通うようになった。張作霖をはじめ、張作霖の懐刀で日本留学経験のある楊宇霆、文治派の巨頭・王永江、親日派で有名な于冲漢、武人派で人望の厚い郭松齢など、名だたる満洲の大物政治家が守田の医院を訪れていた。

たしかに守田の名は歴史書にはほとんど出てこない。しかし、当時満洲にあった人たちの回顧には守田の名前が時折現われる。たとえば、第五章で登場した薄益三は、第一次満蒙独立運動の鄭家屯事件で現地モンゴル当局に捕えられた際、偶然そこに守田の知人の中国人がいて、守田とは友人だと告げたところ、無事生還できたという。現地中国人の守田への評価が垣間見えるエピソードである。また、第七章でとり上げた駒井徳三も回顧録で守田のことについて触れている。駒井がモンゴル方面への鉄道敷設の事前調査に参加したとき、守田も医療・衛生担当として同行していた。偏屈な駒井だが守田のことは気に入っていたようで、守田を「いはゆる立志伝中の人」「前半生の経歴そのものが立派な一つの物語りになるほどの人物」と評している（駒井徳三『大陸小志』）。駒井が内モンゴルの土地買収を企てたとき、その周旋役となった中国側高官を駒井に紹介したのも守田であった。

守田は、こうして長く満洲に暮し、中国人と接するなかで、日中関係の在り方について次のような考えを抱くに至った。それは日中間に兎角齟齬を来しがちなのは、日本人の中国理解が不十分だからではないか、ということであった。同文同種だからといって漢籍を読んで中国を分かったような気持ちになるが、実際のところ、現代中国のことを何も理解しようとしていないし、実は言語すら不通なのである。「我が国の国民教育の教科書中に隣邦民国の国民性に就て説明してある章句ありや否や……長崎門司等の税関で民国語で入関手続きを申告された場合に入関者を不便なく応対し得る税関吏ありや否や。誠に心細き限りである」という。そして、中国人との相互理解のためには、まず彼らの自尊心を傷つけないようにすることが重要であると説く。守田によれば、日本人は何かと上から目線で中国人と相対するけれども、本来は「新進の青年が老先生に対する態度を以て」接しなくてはならないはずであった(守田「民国の自然と民族性に及ぶ」奉天高等女学校編『民国事情』一九二四年)。現在の日本人にも当てはまる批判ではないだろうか。

満洲事変前後の在満邦人

守田は医師として長く満洲にあるなかで、現地高官との間に交友関係を築き、満洲では知られた人物となった。一九二〇年代になると、張作霖政権は満洲での権力を確立し、中国の中央政治に野心を抱いて盛んに内戦を繰り返すようになるが、そこで衛生方面の整備が必要となり、守田に助言を仰いだ。時は一九二四年、第二次奉直戦争の頃である。守田は実際に戦地に赴いて指導にあたった。勝利した張作霖は、その功績を認めて守田を衛生顧問に任命した。その後、奉天軍閥は守田らを代表として日本に派遣し、日本の軍関係医療を視察した結果、奉天に軍病院を開設している。

もっとも、張作霖の勢力拡大、とりわけ中央政治への進出は、日本にとって憂慮すべきものであった。これまで繰り返し述べてきたように、日本の満蒙権益は張作霖の権力によって担保されていたのであり、もし敗退すれば権益を揺るがす事態になりかねないのである。加えて、さらに忘れてはならないのが、張作霖による絶え間ない内戦が、満洲に住む人びとにとっても現地経済を混乱させる憂慮すべき問題であったことである。とくに第二次奉直戦争の勝利後、権力を拡大した張作霖の野望はますます強まったらしく、周辺軍閥との抗争を止める気配はなかった。この頃、「保境安民」――内戦停止と内政中心主義は、満洲現地に住む人びとの悲願になっていた。当然のことであるが、日本人にせよ中国人にせよ、平和で安定した生活を求める思いは同じであった。

一九二五年頃になると、奉天派との関係が悪化した馮玉祥と旧直隷派によって奉天派包囲網が形成される。そうしたなかで起こったのが、奉天軍閥の精鋭部隊を率いる郭松齢が突如叛旗を翻し、張作霖の下野と張学良への禅譲を要求するという、郭松齢事件である。郭は張作霖配下の有力な将軍であり、張学良の家庭教師でもあった。その意図は内戦の停止にあったようだが、それを裏面で操っていたのが親ソ派の馮玉祥であったから、日本としてはこの満蒙権益の危機を傍観することはできなかった。張作霖の没落が満洲の赤化に結びつきかねないからである。

郭のクーデターは、張作霖にとっても意外な事態であり、財産を処分して日本側に亡命しようとしたほどであったが、郭自身、決して万全を期してのものではなかったようだ。

なぜかというと、当時、郭はかなり体調が悪化しており、守田の往診を依頼していたからである。それは一九二五年一一月二〇日のことであった。守田は普段どおりのつもりで郭のもとに赴いた。しかし、そこで偶然見たのがクーデターの決起文であった。守田は急いで日本の派遣将校にこれを知らせたが、計画の中止を求める日本側の説得に郭は応じなかった。郭が心を開くのは守田しかないということで、守田は張学良のメッセージを携えて再び郭に面会した。メッセージには病気の見舞いと再会を期す旨が記されていたようであるが、守田によれば、それを見た郭は、傍らの夫人に「お前のことも書いてある」と一言告げ、あとは無言で「暗涙を覚られまじと瞑目」していた(外務省記録「反奉天派紛擾事件 戦政況」)。郭自身は決して野心からクーデターを起こすタイプではなかったし、張学良もそのことは承知していた。学良は晩年にいたるまで、師として郭松齢を慕っていたのである。

必死に諫止する守田も、心情では郭に同情していたようだ。彼は張作霖を平和裏に下野させる案を落とし所に郭をなだめようとしている。守田が郭に同情を寄せながらも、なおそれを止めようとしていたのは、戦乱が満洲に及ぶことを極力避けようとしていたからかもしれない。それは中国の内戦・動乱に対する、現地住民としての当然の反応であったといえよう。戦乱の波及は人びとの生活に大きな打撃を与える。実際に守田は、このとき、日本人避難民を目の当たりにしていた。白川義則関東軍司令官が両軍に発した警告において、「数十万の帝国臣民」の安寧を理由に介入の姿勢を見せているのは、決して口実のみとはいえないのである(外務省編『日本外交文書』大正一四年第二冊下巻)。

ところが、守田の説得によってやや決心の鈍った郭に対し、張作霖は関東軍の介入によって態勢を立て直し、さらに黒竜江の呉俊陞軍の急襲が成功したため郭軍は敗退する。郭は捕えられて夫人もろとも処刑された。とはいえ、張作霖への民心の離反は、その後も変わらなかった。戦費調達のための不換紙幣の濫発、財政の悪化に対し、文治派の巨頭で財政担当の王永江が、「保境安民」を諫言し、それが受け容れられなかったために政界を引退するのが翌一九二六年のことである。

一九二七年に成立した田中義一内閣は、東方会議を開催して満蒙政策を立て直し、満鉄包囲線問題——張作霖政権が敷設した、満鉄に並行する競合線をめぐる問題——などの諸懸案を解決しようとした。その基本方針は、張作霖支援策の堅持と反共勢力による中国本土の統一を支持するというものであり、事実上の満蒙分離策であった。双方へ理解を示すことによってこの難局を乗り越えようというのである。しかし、中国側は、こうした日本の態度を北伐への内政干渉と見て反日感情を強くし、満洲でも対日感情が悪化した。奉天では反日デモが起こり、日本が設立した満洲医科大学でも学生がス

全満日本人大会の陳情団（前から２列目、中央の蝶ネクタイ、横分けの人物が守田）（永清文二『満洲奉天の写真屋物語』東京経済、1999 年）

トライキを決行している。これは、日本の強硬な満蒙問題解決方針に対する、張作霖の牽制策が背後にあるものの、日中関係の悪化は覆うべくもなかった。そして、この関係悪化の矢面に立たされたのが、満洲の政治的中心地であり、ゆえに日中関係の最前線でもある奉天に住む日本人だったのである。一九二八年四月、奉天では全満日本人大会が開かれ、張作霖政権の排日行為を非難し、当時、奉天居留民会長であった守田を代表として日本内地に陳情団を派遣することになった。

こうして張作霖が日本のコントロールに服さないようになると、関東軍は張作霖を暗殺するという挙に出た。一九二八年六月四日、張作霖の乗った列車を爆破したのである(張作霖爆殺事件)。しかし、政権を受け継いだ息子の張学良は、かえってより露骨な排日行為を繰り返した。なかでも大連のライバル港である葫蘆島の築港や、満鉄に対抗した鉄道政策は、日本の満蒙経営の根幹を揺るがそうとするものであった。こうなると、満洲現地の窮状を訴える日本人の声もより大きくなり、その声はやがて日本内地にも浸透していく。とくに日本国内の緊縮財政・金解禁と世界恐慌が重なり経済状況が悪化すると、日本人の関心は中国大陸に向けられるようになり、満蒙を「生命線」と見るようになるのである。

一九三一年九月一八日、柳条湖付近の鉄道破壊を口実に関東軍が武力行使に乗り出した。満洲事変のはじまりである。関東軍が奉天を制圧すると、現地の日本人は日の丸を振り、喜びの声でこれを迎えた。行政機能のストップした奉天では、奉天特務機関長の土肥原賢二陸軍大佐が臨時市長をつとめ、現地の日本人が積極的に協力した。総務課長が奉天商工会議所会頭の庵谷忱、警務課長が実業家の鶴岡永太郎、財務課長が同じく実業家の三谷末次郎、そして衛生課長が守田である。いずれも古くから奉天に住む地元の名士たちであった。かつて日中親善のために中国を理解せよと説いた守田も、たび重なる排日行為に対し、怒りを爆発させていた。守田は事変後に知人に宛てた書簡で、「東北軍閥は事毎に帝国の条理ある要望を斥け、我が特種権益の蹂躙を敢てし」たと非難し、満洲事変は「国家自衛権の当然なる発動」であると述べるのである(守田「奉天の実際と今後」『満蒙問題研究資料』第五輯、帝国在郷軍人会本部、一九三二年)。

当初の石原莞爾らの事変方針は、満蒙領有を目指すものであったが、陸軍中央の意向もあって独立国建設に転じた。となると、満洲事変は建前上、鉄道破壊に対する自衛行為の延長であったから、満蒙を中国から切り離すには、別の論理が必要である。それが、現地における自主的な独立運動から独立国の建設へ、というシナリオであった。そこで最重要となるのが現地勢力の協力である。在満日本人の言論団体である満洲青年連盟では満蒙自由国の建設を訴えていたし、守田が深く関わっていた全満日本人大会でも、中国側に日本の条約上の権利を遵守させ、日中共存共栄を実現するために、官民協力の方針を立てていた。

しかし、問題は中国人の協力である。事変のなかで、満蒙にはいくつかの臨時政権が出来ていたが、なかでも奉天地方維持委員会委員長の袁金鎧は、事変の帰趨を見極められず、態度を決しかねていた。結局、関東軍は別の協力者を擁立しなければならず、親日派の巨頭として知られる于沖漢に目を付けた。于は王永江、袁金鎧とともに張氏政権の三元老と称される人物であった。しかし、于はすでに政界を引退しており、また健康に不安を抱えていたため、容易に承諾しなかった。

そこで于の担ぎ出しという大役を任されたのが守田であった。一一月一日、守田は于に面会して健康状態を観察した。于の政界復帰を可能と診断した守田は、満洲の情勢を説明して出馬を懇請した。翌日、于は電報で出馬の決意を知らせる。守田も意外なほどの速い決断であった。守田がどのように説得したのか、于がなぜその要請に応じたのか、詳しくは分からない。すでに財をなして政界から離れていた于には、あえて火中の栗を拾う理由はないはずである。おそらく、于を突き動かしたのは、満洲に住む人びとをいち早く戦乱から救いたいという思いであり、つまりは「保境安民」であった。そして、それは守田の念願でもあった。実は守田が関東軍に協力したのも、現地における治安維持と食料供給、金融の安定を目指してのことだったのである。于はこのとき六〇歳、守田は五五歳。国籍は異なれどいずれも長く満洲に暮してきた点では同じである。現地の安定を最重要とする意見の一致が、于に決心を促したのであろうか。

于は絶対保境安民と不養兵主義を関東軍に建言し、積極的に協力した。そして、自治指導部長に就いて満洲国建国の理念の普及につとめるのである。満洲事変の首謀者である石原莞爾は于の行動にいたく感動したようだ。石原はもともと中国人には政治的能力が欠如していると見ており、それがそもその満蒙領有構想の背景になっていた。しかし、于と接したことで、民族協和の理想実現を目指すようになるのである。この満洲国の建国理念については、次章に譲ることとしよう。

*

守田はその後、日本に帰国して満蒙問題の啓発、満洲事変への理解を訴えて精力的に活動した。しかし、間もなく病により郷里・熊本での療養を余儀なくされる。食道癌であった。満洲国の建国という宿願は、たしかに実現した。しかし、自身はその満洲国を見ることなくこの世を去る。守田が死去したのは一九三二年三月九日、満洲国建国の大典の日であった。

ところで、満洲事変に積極的に協力した奉天の人びとは、その満洲国建国を不満げに眺めていた。なぜかというと、満洲国の首都が長春(新京)に決定したからである。そもそも、新国家の首都として予定されていたのは奉天であった。長く大連の陰にあった奉天の人びとにとって、満洲事変には格別の意味があったことになる。しかし、その期待は裏切られた。

統治部長として首都選定に参与した駒井徳三によれば、首都の条件は、開発が容易で従来の利害に左右されないことであったという。奉天が歴史的に持つ複雑性こそが、首都候補地から外された理由であったようだ。

参考文献

関東都督府防疫部編『明治四十三四年南満州「ペスト」流行誌』一九一二年
南満医学堂編『南満医学堂十年誌』一九二一年
土屋幸三、沼田寅松『現代国史侠客列伝』帝国連合通信社、一九三三年
藤山一雄編『于監察院長哀思録』満洲国監察院総務処、一九三三年
奉天居留民会編『奉天居留民会三十年史』一九三六年
クリスティ（矢内原忠雄訳）『奉天三十年』上下、岩波書店、一九三八年
奉天商工会議所『奉天経済三十年史』奉天商工会、一九四〇年
福田実編『満洲奉天日本人史』謙光社、一九七六年
永清文二『満洲奉天の写真屋物語』MBC21、一九九九年
ウィリアム・H・マクニール（佐々木昭夫訳）『疫病と世界史』中央公論新社、二〇〇七年
澁谷由里『「漢奸」と英雄の満洲』講談社、二〇〇八年
飯島渉『感染症の中国史』中央公論新社、二〇〇九年

エピローグ　理想国家の建設――笠木良明《かさぎよしあき》

経済を見れば長年の不況を抜け出せず、政治を見れば政党が足の引っ張り合いをし、その堕落ぶりには目を覆うほかない……一九二〇年代の日本は、さながら現在の我々の置かれている状況と見紛うばかりであった。政治・経済の両面における閉塞感は、やがて「革新」の大きな波を引き起こす。日本が明治維新以来追い求めてきた、議会政治や資本主義といった「西洋近代」は一九二〇年代に陳腐化した。このようななかで、一九三一年に勃発する満洲事変は、新たな国家体制を模索する勢力にとって恰好の実験材料となった。その勢力とは、大川周明や北一輝に代表される、国家的ヴィジョンを持つ右翼――従来の情緒的、観念的右翼に対して「革新右翼」と呼ばれる人びとであった。本章で取り上げる笠木良明は、そうした日本国内の思想的転換を満蒙に持ち込んだ張本人である。

晩年の笠木良明（笠木良明遺芳録出版委員編『笠木良明遺芳録』笠木良明遺芳録刊行会、1960年）

　笠木は一八九二年、栃木に生まれた。仙台の第二高等学校から東京帝大の法科に入学した彼は、一九一九年の卒業とともに満鉄の東亜経済調査局に就職する。このときに知り合い、強く影響を受けたのが大川周明であった。

また、書家・漢学者として著名で、日中友好論を唱えていた宮島大八にも師事していた。もともと幼少期からきかん坊で頑固者であった彼は、こうした人脈のなかでその政治思想を研ぎ澄ましていった。さらに一九二五年に妻と娘を立て続けに亡くしたことが、その後の政治活動に大きな影響を与えたようである。彼が三二歳のときの出来事であったが、以来、再婚もせず、生涯独身を貫いた。それは政治活動に打ち込むためでもあるし、亡き妻や娘への思いを抱き続けたゆえでもあったのだろう。

笠木が社会に出たその頃、日本は大正デモクラシーの大きなうねりの真っ只中にあった。そのはじまりは一九一八年の米騒動である。全国的な大騒乱に発展しただけでなく、政治思想の面にも波及するところが大きかった。この騒動を王朝崩壊の兆しを意味する故事――『戦国策』にある「白虹日を貫く」――になぞらえた大阪朝日新聞の報道に対し、当局が問題視したばかりでなく、さらには右翼団体が同社社長を襲撃する事件が起こる(白虹事件)。これを言論弾圧と批判する吉野作造に右翼が反発、ついには立会演説会が開かれた。

新婚当初の笠木(1923年)(『笠木良明遺芳録』)

そこには東京帝大の学生をはじめとして、二〇〇〇名以上の人びとが集まった。もっとも、ほとんどは吉野の支援者であったという。この騒動のなかで、東京帝大では、吉野の影響を受けた学生を中心に東大新人会という団体が生まれ、やがて民本主義から社会主義的方向へ傾斜していくのである。さらにそうした社会的風潮のなかで、一九一九年には普通選挙実現を求める運動が活発化し、憲政会と国民党が普通選挙法案を議会に提出する。これを争点とした一九二〇年の選挙では普通選挙に反対する政友会が勝利したものの、すでに国民の時代の到来は、否定し得ないものになっていた。

こうしたデモクラシー思想の活発化に対し、カウンターとしての国粋主義思想も先鋭化した。たとえば、東京帝大では、前述の東大新人会に対抗して、民本主義を否定し、国粋主義を信奉する興国同志会が発足している。また、思想団体としては、一九一九年に猶存社が結成され、大川周明や北一輝らが新たな国家ヴィジョンとその方法論を提唱する。一九二四年に成立する行地社は、旧猶存社をはじめ、学生やそのOB、軍人などをメンバーとする国粋主義団体であるが、笠木もまたその潮流のなかにいた。かくして革新右翼思想は、軍や満洲関係者を通じて、やがて現実の政治に影響を及ぼしていくのである。

満蒙問題と政治思想

一九二八年、張作霖爆殺事件から東三省政権を継いだ張学良は、国民政府への合流を表明するとともに(易幟)、日本に対して露骨に対抗心を示した。この前後から満洲では、満鉄線に並行する鉄道路線や、大連のライバルとなる葫蘆島の築港、土地権利関係をめぐる係争など、日本の満蒙特殊権益を揺るがす問題が続出していた。日本人の目には、満蒙経営の基盤となるべき諸権益が根底から覆されようとしているように見えた。これがいわゆる満蒙問題である。やがて一九三一年になると、万宝山事件や中村大尉事件などが起こり、日中の対立は感情的な部分から激化していく。

当時、在満邦人は一〇〇万人ともいわれており――日本人が二〇万人、朝鮮人が八〇万人とされる

――それらの人びとの危機感は大きなものがあった。そうしたなかで、一九二八年に結成されたのが満洲青年連盟である。一九二八年は日本本国において第一回普通選挙が行なわれた年であった。そこで大連でも大連新聞社の主催で模擬議会が開かれた。満洲青年連盟は、この模擬議会を母体として生まれた思想団体である。会員約三〇〇〇名を擁し、現地で定職を有する、ごく一般的な人びとから構成されていた。そのメンバーのなかには、満鉄社員であった山口重次のように、満洲事変から満洲国建設にかけて、重要な役割を果たした人物も含まれている。

彼らは単に張学良政権の排日行為を批判するだけでなく、張学良政権の打倒とそれに代わる自治の実現を目標に掲げていた。それまでの日本本国への依存的体質を反省して、真に満蒙に生きていく道を模索したのである。しかし、そのためにはまず満蒙問題こそ解決されなければならない。そこで無為無策な日本外交に批判の矛先を向け、その背景となる政党政治の腐敗を憎んだのである。彼らが採った手段は、日本国内において輿論を喚起すべく、代表団を派遣して満蒙問題を喧伝するというものであった。やがて、そうした活動が功を奏し、満洲事変が勃発すると、日本国内は事変の遂行と満洲国の建設を熱烈に支持するようになる。

このように、満洲事変において民間人の果たした役割は大きい。とくにそれは思想面において顕著であった。満洲青年連盟と双璧をなす、在満日本人の思想団体として重要な存在が、満鉄社員によって結成された大峰雄会である。そして、そのリーダーが笠木良明であった。

しかし、満洲青年連盟が満洲現地における窮状を発端とし、悲痛な叫びから活動にいたったのに対し、笠木の思想は、現地の論理とはかけ離れたところから始まっていた。それを理解するためには、大正期の日本の思想状況について今少し詳しく説明しなければならない。

本章の冒頭で述べたように、大正期の政治思想を知るうえで、画期となったのが米騒動であった。こうした民衆運動のうねりは翌一九一九年の普選運動の背景になり、大正デモクラシーはここに本格化する。その一方で、米騒動を見た保守派にもまた、国体を安定させるためには、社会問題の解決が欠かせないとの認識が生まれていた。一九一八年に成立した老壮会は、左右両派が参加した思想団体であったが、やがて、その流れから右派による猶存社へと分岐した。その主要メンバーである大川周明、北一輝、満川亀太郎らは、それまでの観念的な右翼とは一線を画する、社会改造のヴィジョンを持っていた。

彼らの理論は簡単にいえば、議会政治と資本主義という「西洋近代システム」を否定し、天皇親政・一君万民の政治体制を目指すものであるが、実態としては、事実上の国家社会主義の実現にほかならない。西洋の社会を「覇道」の帰結と見る彼らは、東洋的な「王道」の理念から、国家、あるいは国際関係の安定を目指した。東洋の政治哲学によれば、覇道とは武力による支配であり、王道とは徳による秩序形成を意味する。王道こそが理想の政治であるとされ、これに基づく政治秩序は、事大(大につかえる)—字小(小をやしなう)というコンセンサスを前提に形作られる。権力者は文明や道徳の優位によって周囲を惹きつけ、周囲は自らの立場をわきまえて礼儀を尽す、という具合に、それぞれが自身の本分に自覚的でなければならない。それは言い換えれば、西洋近代が生み出した「権利」の観念を否定し、各自の「義務」によって成り立つ秩序である。そこでは権利をめぐる社会や民族の摩擦は起こらず、予定調和的な協調関係が成立する。なお、前近代東アジアに見られた朝貢・冊封体制と呼ばれる国際体制は、そうした理念を根底におくものであったとされる。

革新右翼は、単に国内体制において西洋近代からの脱却を図ろうとしただけでなく、国際社会にも目を向け、西洋列強によるアジアの植民地化を覇道の証であるとして、その解放を目指した。そうしたなかで生まれるのが「民族協和」の思想である。そもそも、満洲人や漢民族をはじめ、モンゴル人、朝鮮人、さらには日本人など、多民族から構成される満洲では、そうした民族が共生する理念として、すでに金子雪斎らによって王道主義に基づく民族協和が提唱されていた。西洋近代の重要な要素となる民族主義は、一方で民族間の絶え間ない摩擦を引き起こし、近代社会の矛盾を生み出していた。そうした問題を超克し、新たな民族関係を形作るものこそ王道主義であった。

笠木は満鉄に勤務していたものの、東京の東亜経済調査局にあったから、そもそも満洲とは直接関係を有していなかった。東京在勤時代の中国との接点といえば、一九二九年の鄭孝胥来日の際に応接したことであろう。この清朝の遺臣に対し、大川周明がやや距離を置いたのに比べ、笠木は自ら日光を観光案内し、さらに盛大な歓迎会を開くなど、関係は良好であったようである。両者は王道主義という点で意見が一致したらしく、この後、笠木は満洲事変のときも鄭と連絡をとっており、溥儀による帝制にも賛成していた。

さて、一九二九年に大連本社への転勤を命じられたことが、笠木にとって大きな転機となる。すでに奉天では弁護士の中野琥逸が関東軍の軍人などと提携して思想グループを形成していたが、そこに笠木が現われ、満鉄社員を中核とする大雄峰会が成立した。笠木らの思想は、単なる「満蒙問題」の解決を求める、言い換えれば、いわゆる「満蒙生命線論」に基づくものではなかった。それは新たな国家、社会のあり方を模索する場として満蒙に注目するものであり、その最終目的は、天皇の威徳によるアジア諸民族の解放にあったのである。

建国理念の注入

一九三一年九月一八日に関東軍の謀略により満洲事変がはじまると、満洲各地では、関東軍の方針のもとで中国側要人による臨時政権が次々と成立した。これは、満洲事変をあくまでも現地住民による独立運動として演出するために欠かせない工作であった。たとえば、奉天では土肥原賢二による臨時市政を引き継いで、袁金鎧を委員長とする遼寧治安維持委員会が組織されていた。袁はかつての張作霖政権の重鎮である。その顧問に就いたのは、元満鉄の衛生課長で満洲青年連盟理事長の金井章次であった。事変勃発後間もなくして関東軍への支持を表明した満洲青年連盟は、一月ほど後の一〇月二三日、「満蒙自由国」の建設を関東軍に訴えている。同連盟のなかには、それぞれの職能を活かして占領地行政に協力する者も多くあった。停止した工場の稼働や鉄道の運行など、事変の裏面を支えたのは彼らであった。

こうしたなかで、とくに重要な意味を持つ組織が一一月に発足する自治指導部である。自治指導部は現地日本人の活動を統轄し、満蒙独立の理念を現地に普及することを目的としていた。その中心となったのが満洲青年連盟と雄峰会のメンバーであった。部長には張作霖政権の文治派の重鎮于冲漢が就いたものの、これを実質的に主導したのが笠木であった。

そこでは「王道主義」の実践が目標とされたが、金銭にとらわれない、ストイックに理想を追い求める彼の存在は、まさにその理念を象徴するものであった。

王道実現のために何より重要なのは、一般の人びとが理念を共有することである。なぜならば、王道主義のもとでは、純理論的にいえば、中央権力は政治的強制力を発動しないからである。あくまでも支配される側に「事大」の意識が必要になるのである。それは結果的に地方自治的な政治体制に帰結する。自治指導部は、自治指導員を各地に派遣し、そうした理念の徹底に努めたのであった。

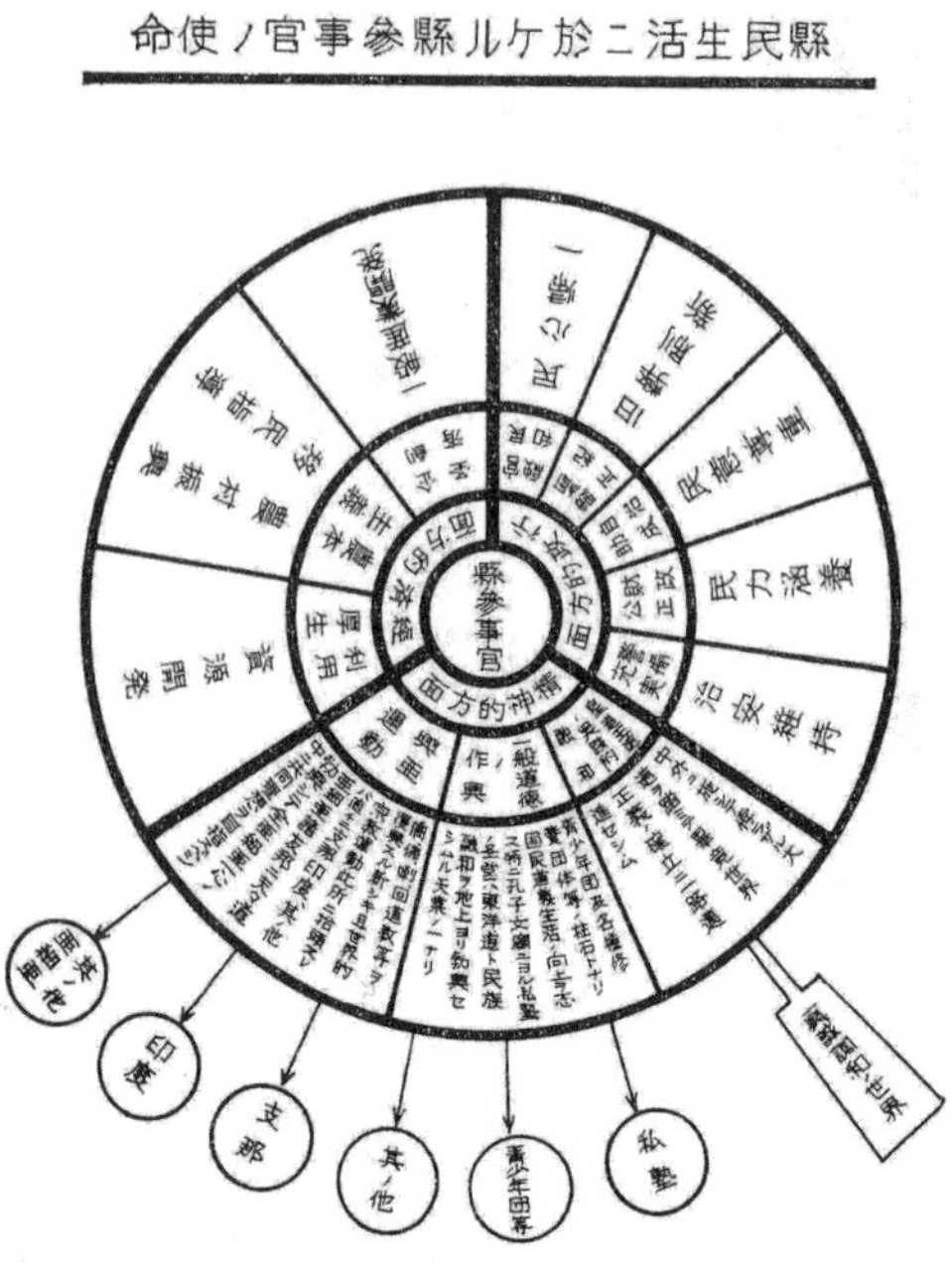

県参事官の使命（『笠木良明遺芳録』、1960年）

一九二〇年代に日中の対等な友好関係を説き、中国人以上に中国を知っていると称賛されたジャーナリストの橘樸が、王道主義に共鳴して満洲事変に賛成したことはよく知られる。それは、中国の地域共同体を高く評価し、地方自治を理想とするがゆえであった。

自治指導部の精神は、笠木が作成した「自治指導部布告第一号」に示されている。それによれば、自治指導部の「真精神」は「極楽浄土の建立」にあるという。そのために、自治指導員は「大慈悲心」を発揮して善政を布かねばならず、信義を重んじて誠心誠意取り組むことが必要であった。そうすることで、やがて東アジアから全世界、全人類に「大調和をもたらす」というのである。自治指導部の役割は、決して満蒙に止まらない、世界的な意義を見据えるものであった。笠木の理念によれば、理想国家、理想社会を作るうえで最も重要であるのが、この自治指導員の存在であり、その果すべき役割は、単に地方行政だけでなく、興亜運動をも支えるものだったのである(『笠木良明遺芳録』)。

もっとも、こうした笠木の行動は、王道主義の本来の姿とはやや矛盾する点を孕んでいた。笠木が満洲事変の最中である一九三一年一一月に撫順を視察したとき、同県知事の夏宜は、そのことを鋭く指摘している。夏は「王道とか理想とかいふが、それなら軍力を使用するのは矛盾ではないか?」と問うた。前述のように、王道主義は武力による覇道主義と対置される概念だからである。しかし、笠木はこれに対し、根本に理想が存在するならば、武力は肯定される、と答えている。夏はさらに「譬え戦ひに破れて逃げても仁政を行へば民は蝟集する、斯様にして天命を楽しめるやうにするのが王道ではあるまいか?」とあらためて日本の矛盾を突いた。ところが笠木は、このような考えこそが東洋の欠点であり、それは「他の悪を増長せしめるやうな力弱き理想論、運命論」であって、インドの現状はこれに起因するというのである(『笠木良明遺芳録』)。

王道主義を掲げる日本が満洲事変を起こしたり、あるいは植民地を抱えている矛盾は、政治思想上無視することはできない。この点について、同じ武力でもアジアにおいて共通の価値観を有する日本と、そうではない西洋とでは本質において異なる、というのは大川周明の言い分であるが、笠木の場合はいかなる形で整合性をつけていたのだろうか。右の笠木の発言から垣間見えるのは、独善と、そこから発する、目的が手段を正当化するというマキャベリズムにも近い思考であろう。そうした彼の思想的背景として指摘すべきが、強烈な仏教的使命感である。それは自治指導部の布告にも色濃く表れている。すでに述べたように、王道主義はもともと自己を道徳的に律することはあっても、他者への強制力を伴わない。しかし、笠木ら、あるいは日本自体に周辺民族に対するそうした訴求力は、もちろんない。そこで彼らの思想的矛盾を補ったのが、大乗仏教的な「救済」の論理であった。この救済は「善意」に基づくものであって、布教による周縁への広がりを当然の使命とする。日本に靡かない者には真理を教え込まなければならないのである。本来、アジアを解放するだけならば、「西洋」と戦って植民地支配を解消すれば事足りるはずである。しかし、彼らの行動は、アジアの人びととそのものとの政治的関係性を当然視するのであった。

理念の挫折

満洲事変が進展し、一九三二年三月、満洲国の建国にいたると、自治指導部は発展的に解散した。笠木は当初、建国理念を普及するための人材育成機関として、資政院という部署を国務院に並立して設置しようと考えていた。国務院はいうまでもなく行政の中枢をなす機関であるから、それと並び立つというのはかなり思い切った構想である。しかし笠木は、王道主義を実践するためには、自治指導部の目指した地方自治こそが必要であると考えていた。国家と人民をつなぐのは、権力ではなく、あくまでも理念でなければならない。

しかし、結局は関東軍の意向もあって、国務院の下部に位置する資政局という形で落ち着いた。地方官の人事は県長、県参事官(副県長に相当する)ともに民政部の所管となり、笠木の構想は後退を余儀なくされた。

こうして発足した資政局であったが、それでも満洲国の機構上、やはり問題があった。

笠木の国家構想は理念先行・地方自治路線である。ところが、一方では国務院の下に資政局と並ぶ部署として総務庁があった。第七章で述べたように、総務庁は日本が満洲国をコントロールするための中枢機構であり、それはいわば、現実重視・中央集権路線であった。

自ずと資政局の笠木と総務庁の駒井徳三との間には不協和音が起こる。

笠木からすれば、建国理念を研究し普及していくためにはまだまだ人材が足りない。そこに日本内地から大川周明の周旋で官僚候補の青年が派遣されることとなった。それは関東軍の板垣征四郎が強く推したものでもあったという。笠木は当初予定の三〇〇名を一〇〇名にしぼり、資政局訓練所に入所させることにした。しかし、これを猟官運動として噛みついたのが駒井徳三であった。やがて両者の対立は、感情的な部分も相まって、衝突を回避できないものとなっていく。

ところで、資政局が成立したとき、自治指導部で活躍した満洲青年連盟系の多くは、官僚として採用されず、元の生活にもどった。しかし、そうしたなかで、建国の情熱を捨てず、草の根運動的に建国理念の普及のために活動する者もあった。彼らが目指したのが、国民組織である協和党の結成である。彼らによれば、満洲事変とは民主革命であり、関東軍が主導したがために、人民への理念の徹底という点で不十分な部分を残していた。そこで、在野で国民運動を盛り上げようとした。これに関心

満洲国から帰国した笠木（手前中央）（1933年）（『笠木良明遺芳録』）

を持ったのが石原莞爾である。

石原は、満洲事変以来、中国人の政治能力についてそれなりに評価するようになっており、建国理念に強く共鳴していた。石原はこの協和党構想に賛同し、笠木にも協力を求めた。しかし、笠木はあくまでも中央にあって人材の育成につとめることにこだわった。石原と笠木は、もともとは仏教思想の共通点から良好な関係であったが、この頃を境に両者は袂を分かつ。結局、関東軍の後ろ盾を無くした資政局は、開設四ヶ月ばかりで廃止を余儀なくされ、笠木も罷免されることとなった。建国理念の普及という大使命は、協和党構想に端を発する満洲国協和会へと受け継がれていくのである。

一九三二年七月、満洲国協和会は、名誉総裁に執政の溥儀、名誉顧問に本庄繁関東軍司令官、会長に鄭孝胥国務総理が就任し、一国一党の上意下達機関として発足した。

一方、野に下った笠木は、一九三三年、日本に帰国して大亜細亜建設社という団体を設立し、機関誌『大亜細亜』を発刊して言論活動をはじめた。当時外務省の情報部長であった河相達夫が機密費から活動を支援していたという。笠木のもとには同志が集まり、その薫陶を受けた者のなかには、自治指導員の後継である県参事官もあった。彼らは笠木式の高邁な精神をもって地方に赴任した。地方では、県長は満系で、それに次ぐのが日系中心の県参事官であるが、笠木はこの県参事官に興亜運動の基盤となることを期待した。また、満洲各地には興亜塾が開かれ、志を同じくする青年たちの集会・宿泊の場となった。日中戦争が勃発すると、笠木の思想も拡大し、『忠誠なる日本青年の世界的陣容布地の急務』と題するパンフレットを配布し、中国全土を視野に入れて、若き人材による下からの理想世界の実現を訴えている。

しかしながら、満洲事変から後に日本が歩んだ道は、やはり笠木が望む高邁さや潔癖さとはかなり異なるものであったといわざるを得ない。王道主義は間もなく膨張の論理にすり替えられていく。そのことに笠木は気付いていたのだろうか。どうも帰国後の笠木は、アジアへ向けた活動よりも、むしろ日本人自体の教化を重視していたようである。太平洋戦争開戦間もなく、笠木は次のように感想を述べている。

> 東亜共栄圏といひ、東亜聯盟乃至興亜といひ又は八紘一宇いふ。言高けれ共、又敢えて反対するにも非され共、それより以前に脚下より正直に、神ながらなるまことを政治に教育に経済其他の実際に顕現すべく全努力を傾くる中に、世上一切の理想現実の胚種包蔵せられあるに非ずや。日本の真姿に帰るに如かず矣(『笠木良明遺芳録』)

つまり、笠木にとっては王道政治実現のための内省こそが重要なのであった。したがって、日本の東亜新秩序や大東亜共栄圏が欺瞞であることは、決して彼の思想的矛盾にはつながらない。むしろそれゆえにこそ、彼にとって人材育成と国民教化の活動が大きな意味を持つようになるのである。実際、この頃の笠木は、中国大陸へ度々赴いていたが、すでに活動の根拠地は日本であり、彼の視線は中国大陸よりもむしろ若き同志たちそのものに注がれていた。となると、帰国後の笠木は王道の本義に立ち帰っていたようにも見える。

しかし、笠木の理想の実現は簡単な道ではない。動乱のなかで命を落とす若者も少なからずあった。そして、笠木は人材を重視するからこそ、そうした犠牲を当たり前のものとは考えられなかったようである。笠木というと狂信的思想家のイメージがあるが、意外と繊細で人間味のある一面もあったという。そのことを指摘しているのが児玉誉士夫である。

児玉は言わずと知れた戦後右翼の大物であるが、彼は満洲事変時に大雄峰会に参加した経歴を持ち、それ以来笠木を慕っていた。その児玉によれば、笠木は「全く人情に包まれた人で、学者でもなければ、道学者でもない」のだという。それは「人間そのもの」なのだという。児玉はあるとき、笠木に再婚を勧めたことがある。そのとき笠木は次のように述べて断った。

実は僕は大学を出たころ家内をもらったし、子供もあった。それが相次いで死んでしまった。それ以来僕は貰わんということに決めた。ということは、愛すれば愛するほど、別れたあとというものは実にさびしいもんだよ。これは女と男の関係だけじゃない。友だちでもそうだ。本当の同志はなかなか得がたいんだ。得がたいけれども、それだけにまた裏切られたり、或は去られたりした後というものは厭なもんで、さびしいもんだ。だから僕はあまり多くの友だちを作りたいとも思わない。それは別れたときが厭だからね（『笠木良明遺芳録』）

日本のアジア侵略の先導者のように見られる笠木であるが、大亜細亜建設社以降の彼の活動は、若き同志へのバックアップに重きを置くものであり、なかでも、とくに力を入れていたのが、犠牲になった同志への慰霊であった。笠木自身が犠牲者の慰霊と遺族への慰問を欠かさなかったのは勿論のこと、興亜塾でも必ず祭壇を設け、犠牲者への礼拝を日課にしていた。それが志を同じくする青年の紐帯を強めたのである。そうした笠木の態度は、戦況の悪化や敗戦を経てさらに強まった。後年、河相達夫は、主として敗戦直後を念頭に置いてのことであろうが、大亜細亜建設社以降の笠木の活動を次のように回顧している。「笠木君は建設社をやって何をやったかというと、一番やったことは、参事官で討死した人の霊を弔うということと、それから昔の同志で日本に帰って来た人達を次々訪ねて行って連繋を密にすることに専ら努めていた」。河相はそんな笠木を、「どうもお経ばかり上げて死んだ人間の祭りばかりやっていても仕様がない」と諫めたという（『笠木良明遺芳録』）。

日本から満蒙に移植された王道主義は、満洲事変の展開のなかで重要さを増し、満蒙現地の論理に取って替り、満洲国建国の大きな原動力となった。しかし、間もなくその理想論も急速な日本の膨張に追い付けず、取り残されてしまう。時局が進展して南進論に注目が集まるようになると、あれだけ熱狂した満洲国への関心も薄れていった。ひたすら慰霊に意を注ぐ笠木の姿からは、そんな近代日本の歩みの実態が透けて見えるようにも思われる。

理想世界の実現に向けて国民教化を目指してきた笠木にとって、軍事的敗戦は思想的敗北を意味してはいなかった。一九四七年、笠木は極東裁判の証人席に立ったことがある。

そのとき彼は、溥儀が有徳の人物であったこと、県参事官による興亜運動が誠心誠意行なわれていたことを訴えたという。そこには思想的な動揺の様子は見られない。むしろ、敗戦後の彼が最も力を注いだのは、先ほどの河相が言うように、同志たちの帰国とその後の世話であった。

＊

戦後しばらくすると、そんな彼のもとに再びかつての仲間が集まってきた。笠木は生来富にも名誉にもこだわらない性格であった。その恬淡とした生き方が、戦後もなお周囲の人びとに慕われた理由であろう。そうした周囲の人びとの声もあり、サンフランシスコ平和条約が成立して日本が独立を果した頃から、笠木の政治活動も再開した。彼らはやはり既成政党による政治を腐敗の象徴と見て、これを覆すべく大衆動員による愛国運動を起そうとした。国民同志社という組織を結成し、笠木はその代表となった。趣意書によれば、米ソ冷戦とは畢竟、唯物思想、個人主義に基づく覇道の帰結であり、日本は東洋王道精神に目覚めることが必要なのであるという。

しかし、そうした政治活動を始めて間もなくの一九六三年、笠木は交通事故が原因で亡くなる。享年六三歳であった。笠木の告別式には十河信二国鉄総裁や緒方竹虎自民党副総裁といった政治家や、かつての同志らが多く集まり、盛大に執り行なわれた。しかし、国民同志社の活動はこれで挫折を余儀なくされる。国粋主義思想による国民運動という果てしない夢もまた、ここに潰えたのである。

参考文献

笠木良明『満洲国独立の精神』白鳳社出版部、一九三二年
笠木良明遺芳録出版委員編『笠木良明遺芳録』笠木良明遺芳録刊行会、一九六〇年
松沢哲成『日本ファシズムの対外侵略』三一書房、一九八三年
同右『天皇帝国論批判』れんが書房出版、一九九二年
山室信一『キメラ 増補版』中央公論新社、二〇〇四年
中島岳志『アジア主義』潮出版社、二〇一四年

あとがき

まずは本書を手にとって下さった皆様に感謝の言葉を申し上げたい。もしいくらかでも本書を読んでみてよかったとお思いなら、これにまさる幸せはない。

さて、本書執筆の経緯を申し上げると、私事ながら、筆者は四年ほど前の二〇一二年、『明治・大正期の日本の満蒙政策史研究』(芙蓉書房出版)なる著書を出版した。同書は二〇一〇年度に國學院大学に提出した博士学位論文を加筆修正したものであり、研究書という性格上、論旨から外れるような挿話、逸話の類はほとんど割愛せざるを得なかった。しかし、これは多くの歴史研究者がそうだろうと思うが、史料などを読んでいると、論文にはならなさそうな人びとや出来事にむしろ歴史の面白みを感じ、それが研究の楽しみになっていたりする。前著を執筆するうちに、いつか機会があれば、そうした自分の楽しみを織り交ぜて、もう少し読み物として面白いものを書いてみたいと考えるようになった。

そんなところから、人物を軸にして満蒙政策をたどるということを思いついたが、大臣クラスや有名政治家などを扱うつもりはなった。そもそも、自分自身が失敗と挫折の連続で、仕事も見つからず「負け組」そのものであり、どうにかこうにか日々糊口を凌ぐ底辺生活である。成功者には到底共感できないし思い入れも持ちようがない。そんな自身の境遇からであろうか、やがて非主流派の人物や大陸浪人、あるいは満蒙という僻地に生きたごく普通の、市井の人びとに関心が向かうようになった。もちろん、本書には高位高官の人物も含まれているし、みな少なくとも筆者よりは立派な人たちである。

本書の登場人物のうち、最初に関心を持ったのは、石光真清であった。筆者は二〇〇五年から二〇〇八年まで中国黒竜江省のハルビンに暮していたことがある。黒竜江大学で留学生として中国語を学び、間もなく同大学の日本語講師となった。

ハルビン行きの決め手は、博士課程前期のときに、指導教授であった馬場明先生から薦められて石光の手記四部作を読んだことによる。誠にバカっぽい話だが、その手記を旅行鞄にしのばせ、夜行列車で黒河や満洲里、綏芬河といったロシア国境の町まで一人旅をしたこともあった。別に何の目的があったわけでもない。ただウォッカ片手に国境の景色を眺めるだけである。こんなミーハーな動機ではじまったハルビン暮らしだが、それがなければ今の妻に出会うこともなかったし、とすれば可愛い子供たちにも恵まれなかったことになるから、人の運命とはよくわからないものである。

その後、國學院大学で非常勤講師として教壇に立つ機会を与えられ、二〇一一年から「歴史のなかの人間」なる講義を担当することになった。そこで、毎回一人の人物を取り上げて、日本と満蒙との関わりをたどるという授業を試みたところ、幸い学生の反応もまあまあであった。気を良くして文章にしてみようかと考えていた矢先、とある研究グループに参加したことから彩流社の高梨治氏と知り合う機会を得、同氏から満蒙をネタに何か書いてみないかとのお声かけをいただいた。たぶん社交辞令の類だったのだろうけれども、筆者はここぞとばかりに言質をとり、向こうの気が変わったら困るので慌てて原稿を書き上げて押し付けた。高梨氏には大変感謝している。

最後に、というか最後まで私事ばかりで恐縮だが、本書を二〇一三年に亡くなった母・北野幸子に捧げたい。生前は全く親孝行などできなかったが、筆者が研究の道に進むことを家族でただ一人応援してくれる存在であった。前著を出したときは、少し読んでみて「難しくて全然わからないよ」と笑っていた。遺品を整理しているときに、家族写真などとともに大切そうにカバーをして棚にしまってあるのを見つけた。今回は「面白いね」と言ってくれるだろうか。

北野剛

二〇一六年二月

【著者】
北野 剛
…きたの・ごう…

1977年生まれ。2000年、国士舘大学文学部史学地理学科国史専攻卒業。
2011年、國學院大学大学院文学研究科博士課程後期修了。博士（歴史学）。
現在、関西外国語大学短期大学部特任講師
専門は日本外交史、日中関係史、近代東アジア史
主著『明治・大正期の日本の満蒙政策史研究』（芙蓉書房出版、2012年）、
「辛亥革命期の日本の満蒙政策」（『歴史学研究』890、2012年）
「戦間期の日本と満洲」（伊藤信哉・萩原稔編『近代日本の対外認識Ⅰ』彩流社、2015年）

フィギュール彩 57
満蒙《まんもう》をめぐる人《ひと》びと
二〇一六年五月一五日　初版第一刷

著者――北野 剛
発行者――竹内淳夫
発行所――株式会社 彩流社
〒102-0071
東京都千代田区富士見2-2-2
電話：03-3234-5931
ファックス：03-3234-5932
E-mail：sairyusha@sairyusha.co.jp
印刷――明和印刷(株)
製本――(株)村上製本所
装丁――仁川範子

ISBN978-4-7791-7059-1 C0320
http://www.sairyusha.co.jp